中国工业经济学会竞争政策专业委员会
中国工业经济学会产业经济学学科建设专业委员会
教育部人文社会科学重点研究基地——东北财经大学产业组织与企业组织研究中心

反垒断研究

== Antimonopoly Review ==

第2卷　2021年第1辑

于立　主编

中国社会科学出版社

图书在版编目（CIP）数据

反垄断研究 . 第 2 卷，2021 年 . 第 1 辑 / 于立主编 . —北京：中国社会科学出版社，2021.9
ISBN 978 - 7 - 5203 - 9058 - 3

Ⅰ.①反… Ⅱ.①于… Ⅲ.①反垄断—研究—中国 Ⅳ.①D922.294.4

中国版本图书馆 CIP 数据核字（2021）第 180189 号

出 版 人	赵剑英
责任编辑	许　琳
责任校对	鲁　明
责任印制	郝美娜

出　　版	中国社会科学出版社
社　　址	北京鼓楼西大街甲 158 号
邮　　编	100720
网　　址	http://www.csspw.cn
发 行 部	010 - 84083685
门 市 部	010 - 84029450
经　　销	新华书店及其他书店

印　　刷	北京君升印刷有限公司
装　　订	廊坊市广阳区广增装订厂
版　　次	2021 年 9 月第 1 版
印　　次	2021 年 9 月第 1 次印刷

开　　本	710×1000　1/16
印　　张	15
插　　页	2
字　　数	201 千字
定　　价	78.00 元

凡购买中国社会科学出版社图书，如有质量问题请与本社营销中心联系调换
电话：010 - 84083683
版权所有　侵权必究

《反垄断研究》学术委员会

主　任

　　于　立　东北财经大学/天津财经大学

副主任

　　于　左　东北财经大学

学术委员（按姓氏笔画排序）

于良春	山东大学	王先林	上海交通大学
王自力	江西财经大学	王晓晔	中国社会科学院
王继平	天津商业大学	叶光亮	海南大学
曲　创	山东大学	时建中	中国政法大学
张　嫚	东北财经大学	陈勇民	美国科罗拉多大学
陈智琦	加拿大卡尔顿大学	林　平	山东大学
秦承忠	美国加州大学圣芭芭拉分校	徐士英	华东政法大学
唐要家	浙江财经大学	黄　勇	对外经济与贸易大学
黄群慧	中国社会科学院	戚聿东	北京师范大学
朝　镛	美国路易斯维尔大学	谭国富	美国南加州大学

编辑部主任

　　王建林　东北财经大学

目 录

关于铁路行业性行政垄断若干问题的思考 ············ 荣朝和（1）

网络型产业混合垄断势力根源与传递路径

  ——以铁路和高铁为例 ················ 林晓言（48）

中国铁路工程招投标中的排除限制竞争问题与

  竞争政策 ························ 于　左　陈听月（83）

经营者集中反垄断控制的价值目标 ············ 叶　军（104）

日本反垄断法对于平台经济领域最惠国

  待遇条款的规制 ············ 王　健　余芮雯（151）

十二年垄断协议案件梳理与思考 ········ 刘延喜　吴贝纯（182）

论中国公平竞争审查制度的完善 ········ 王　岩　邹升茂（207）

关于铁路行业性行政垄断若干问题的思考

荣朝和[*]

(北京交通大学经济管理学院)

[**内容提要**] 行政性垄断对市场经济秩序造成干扰,危害很大。铁路一直是行业性行政垄断与市场垄断高度混杂的典型领域,这也为行业的现代治理增加了难度。我国法治建设中对行政性垄断的规制正逐渐明晰,先后实施的《反不正当竞争法》《反垄断法》和公平竞争审查制度都不同程度地推进了这一过程,已初步形成治理基础。由各类铁路企业共同组成的铁路行业市场,具有进行反垄断经济分析的特殊意义。必须进一步完善反垄断与公平竞争审查制度的立法与执法,同时深化铁路的根本性、全局

---

[*] 荣朝和,男,1953年出生,江苏无锡人,北京交通大学经济管理学院教授,博士生导师。感谢武剑红、李津京、王超、李红昌、方燕、姚晓霞、韩伟、王大鹏、李星潦、朱丹、陈翼等同志在论文写作和修改工作中的贡献。

性、制度性改革，通过核心中间性服务的公共化透明化独立运行，构建行业内部市场的平等竞争秩序与规则，铲除行业性行政垄断的土壤。

[**关键词**] 铁路；行政性垄断；反垄断法；公平竞争审查；竞争中性；行业改革

在经济学中，狭义垄断概念是指一家企业独占经营的市场状态或格局。现实中的垄断现象有很多，包括由要素先天优势决定的天赋垄断、技术创新所致的专利垄断、超大规模经济所致的自然垄断、由竞争活动所致的经济垄断和以行政权力为基础的行政垄断。垄断概念又应分为垄断地位和垄断行为，反垄断并不是一般性地反对市场主体的垄断地位，而主要是反对借助垄断地位破坏公平竞争市场秩序的垄断行为。反垄断是各国竞争政策的重要组成部分，反垄断立法在各国经济法体系中也都占有重要地位。

铁路在传统上曾长期被认为是典型的自然垄断行业，因此，对铁路领域存在垄断现象人们容易习以为常。各国都希望通过改革在铁路行业内实现一定程度的竞争，但我国铁路改革在这方面的推进过于缓慢。面对着铁路在综合运输市场份额上的大幅度下降，有人认为，铁路的垄断已经减少了，强调铁路并不能从受国家管制的运价中获取超额利润就是典型看法，但其实国铁的垄断势力在铁路行业内部一直在增强。从政企不分的铁道部，到合资铁路必须控股，到强化统一调度指挥，到强推委托运输、委托经营或委托代建，再到以确保安全名义要求技术标准的独家认定、项目验收、行驶线路接轨、车流过轨的否决权排斥其他铁路运输经营者、以企改为名对保留的行政性事务加收费用……这一系列行为中的很多都是在国铁行政性垄断背景下发生的。因此，有必要重新梳理和分辨与铁路有关的不同垄断特性，特别是必须认真剖析行政性垄断对我国铁路行业的巨大影响。

一、铁路相关市场分类及垄断的关系

对铁路垄断问题模糊认识的来源，一是没有分清是在什么样的市场概念中看待铁路垄断，二是没有分清不同类型垄断的性质。不注意这些区别，使用刻画一般市场上垄断势力程度的Lerner指数等工具就可能失去意义。首先，必须切实把握住所需分析的市场，才有可能正确判别铁路行业的垄断程度。王先林（2008）分析过反垄断法实施中相关市场（relevant market）界定的重要性，他认为，对于涉事行为多是通过分析其是否对竞争造成损害来决定其违法性的，这就必然涉及发生竞争的领域，因此相关市场的界定是竞争与垄断分析的出发点和基本前提，他重点介绍了界定相关商品市场及相关地域市场的方法。于立（2019）则分析了现实经济中既存在"产业等于市场"的情况，也存在"产业不等于市场"的情况，而后者又可分为"一对多"和"多对一"的多种变换，并提出弄清产业（行业）与市场的关系是反垄断经济学的基石。本文认可他们的观点并借助其思路分析铁路在不同市场中的垄断程度。

铁路行业与市场存在着多种关系：（1）从铁路行业提供各种不同方向、不同距离而且不能相互替代的位移产品和服务看，铁路一个行业对应着几乎无穷多的具体客货运输市场；（2）也可以把所有铁路提供的客货位移服务加总在一起作为铁路行业运输市场，并将其放在包括各种运输方式的全国或各地综合运输市场中去考察，在国民经济统计中就可以看到各种运输方式所完成的客货运量和周转量及其所占比重，其中铁路的比重已经下降了很多；（3）在有确定起讫点的具体客货位移市场上，铁路一般是提供可替代位移服务的几种运输方式之一，铁路在这些具体运输市场内的垄断程度各有不同，其中有些可能还保有市场支配地位，但总体上方式之间的竞争已经越来越激烈；（4）在同一个有确定起讫点的具体客货位移市场上，存在不同铁路企业的平行线，或在同一线路上有一家以上铁路企业提供竞争性服务，这属于行业内外市场交叉的情况；（5）在一些具体客货全程位移链条上，铁路运输只是其中的组成部分，如多式联运服务需要不同运输方式间高度协作，而中国铁路目前在很多情况下还难以有效地融入多式联运市场；（6）从供给侧角度看，也可以把铁路行业内从事铁路运输生产与经营的所有企业，包括不同专业化铁路企业之间提供的各种B2B中间产品看作是一个市场，在目前中国铁路的行业内市场中，国家铁路处于绝对垄断地位；（7）根据产业前后向联系还存在着铁路建筑施工和铁路设备制造市场,其中国内铁路建筑施工市场存在着国铁要求对地方性铁路实行"代建"造成的特殊局面,而机车车辆领域则有可能正在形成中车与国铁一对一的市场格局。

从以上分析可以看出,关系(1)(2)(3)(4)(5)中的市场都是运输市场,从满足客货位移需求视角看,铁路行业都不等于市场;关系(6)中的铁路行业正好等于市场,但这个市场并不是传统意义的运输市场,而是构成运输市场供给方的不同铁路企业的集合,包括各种要素和中间产品市场,伴随各国铁路改革进程的是铁路内部市场的多样化;而关系(7)实际上是铁路作为需求方的特定跨行业建设施工市场和设备制造市场。本文主要关注关系(6)中由各类铁路企业共同组成的供给侧铁路行业市场,认为其具有进行反垄断经济分析的典型意义,但必要时也会涉及关系(4)(5)和(7)。

其次,目前铁路领域中很多垄断现象的根源是行政性垄断,而且行政性垄断与经济性垄断混杂在一起。行政性垄断与经济性垄断的重要区别在于前者不是在市场竞争中形成的,而是行政权力渗透到微观经济活动中的一种超经济垄断(李雨石,2018)。相比于一般的经济性垄断,不合理的行政性垄断对市场经济秩序所造成的损害程度更大,危害性也更大。

以上关于铁路行业与市场存在着多种关系的分析,有助于帮助人们明确是在什么层次和范围内谈论"铁路垄断问题",判别铁路行业相对于其他运输行业是否存在垄断地位与行为、铁路运输企业相对于其他运输企业是否存在垄断地位与行为、铁路行业内部不同主体之间是否存在垄断地位与行为，是经济垄断还是行政性垄断，是局部和动态的垄断还是全局性和长期的垄断。那些认为铁路垄断已经减少的观点主要是局限在上述关系（2）和（3）的情况，而且基本上只关注经济性垄断领域，而如果认真考察关系（4）（5）（6）（7）并进一步关注行政性垄断问题，显然会看到更为复杂的情况。

有研究分别通过国家铁路（高速铁路）在企业组织层面从政企不分到行政性企业再到股份制公司的转变过程，和判别铁路主要业务环节是否具有自然垄断特性，分析得出铁路行业总体上不属于自然垄断产业，并因此应该适用于反垄断法的结论（于立，2017）。其主要分析思路是基于判别该行业是否具有经济性垄断，和铁路改革基本到位以后的理想状态得出结论，主要讨论"该行业存不存在自然垄断特性且该不该享有反垄断法豁免地位"的问题。本文则立足于铁道部撤销前后该行业存在明显行政性垄断的现实，主要讨论"如何严格规制该行业已经存在的行政性与经济性混合垄断，并如何推进铁路改革并完善相关竞争政策与反垄断立法"的问题。

至于铁路是否存在自然垄断特性及其与反垄断和竞争政策的关系，本文认为，主要由运输密度经济和网络幅员经济所决定的铁路运输自然垄断特性（荣朝和，2009），大体上只体现在上述关系（3）（4）（5）所涉及的领域。自然垄断当然也应该得到有效监管，但路网在位者垄断与行政性垄断结合才会产生更大危害。各国铁路改革目标多包含通过重组破除原有的自然垄断，我国铁路改革更需要破除国铁系统的行政性垄断。

二、反不正当竞争法对行政性垄断的规范

我国法治建设中对行政性垄断的监管是一个逐渐明晰的过程。最早包含约束行政性垄断行为条款的是1993年施行的《反不正当竞争法》。该法与2008年实施的《反垄断法》有交集，但在立法目的、调整对象以及政府机构等方面也存在区别，这些共性与区别也体现在对于行政性垄断的处理上。反不正当竞争法与反垄断法都属于竞争政策范畴，都是为了规范市场环境，维护合法公平竞争。经济活动中会同时出现不正当竞争行为和排除、限制竞争行为，因此，反不正当竞争法和反垄断法在很多情况下交叉存在，互为补充。

在立法目的方面，反不正当竞争法的目的是禁止不正当竞争行为，即在竞争性活动中的不正当行为，该法同时调整行为主体侵害消费者利益和侵害其他经营者利益的行为；而反垄断法的目的主要在于制止垄断行为，即滥用市场支配地位等排除、限制竞争，其行为人的侵权活动主要是针对其他经营者利益的行为。任何企业都可能采用不正当竞争行为，而当一些不正当竞争行为达

到损害市场竞争程度时，行为人一般都已占有市场支配地位，这些行为从而也可被视为排除限制竞争的行为即垄断行为，于是也要受反垄断法制约。

反不正当竞争法规定的执法机构是县级以上人民政府工商行政管理部门；而反垄断法要求国务院设立反垄断委员会负责组织、协调、指导反垄断工作，且由国务院规定承担反垄断执法职责的机构，先是分别由国家发改委、商务部和工商总局分别承担。2018年以后，反不正当竞争和反垄断的执法同时归口到新组建的国家市场监督管理总局统一承担，但仍属于不同的职责。

1993年反不正当竞争法中已经包括有关规范行政性垄断行为的条款，规定政府及其所属部门以及公用企业或者其他依法具有独占地位的经营者，不得滥用行政权力限定他人购买其指定的经营者的商品，或限制其他经营者正当的经营活动等（1993年《反不正当竞争法》）。2017年反不正当竞争法修订时为与2008年反垄断法相衔接，删除了该法中政府部门与公用企业限制竞争行为、搭售行为、低于成本价销售行为、行政性垄断行为等规定（2017年《反不正当竞争法》）。也可以认为，这些原来被视作行政性不正当竞争的行为，已被归属到反垄断法所定义的行政性垄断行为。

三、反垄断法对行政性垄断规范中存在的局限

对行政性垄断的规制在2008年《反垄断法》中得到进一步

明确和扩展。该法在其第一章总则中明确"行政机关和法律、法规授权的具有管理公共事务职能的组织不得滥用行政权力,排除、限制竞争"。在第五章分别表述了该法禁止的公权力组织限定交易、妨碍流通、限制招投标、限制设立分支机构、强制经营者垄断行为和制定不合理规定等滥用行政权力排除、限制竞争行为。在第七章第五十一条明确了行政性垄断行为主体的法律责任(2008年《反垄断法》)。应该肯定该法比反不正当竞争法增加了不少内容,更有利于对行政性垄断进行规制,但也要看到仍存在一定不足。

(一)缺少对行政性垄断的明确定义

反垄断法并没有明确使用"行政性垄断"概念,而是采用公权力机构"滥用行政权力排除、限制竞争"的提法,这是可以理解的。反垄断法自启动立法程序到2007年正式颁布,行政性垄断一直是全国人大和各种相关立法会议的争论焦点,第五章"滥用行政权力排除、限制竞争"更是在各版本草案中几经删除、恢复、修改和再修改(王晓晔,2018)。曲折的立法过程体现了中国行政性垄断问题的复杂性,也让人理解当时的反垄断立法不能从根本上解决行政垄断的有效规制问题。

有学者认为,当今我国的行政垄断权是一种集行政权、行政立法权与部分司法权于一体的行政权力,行政垄断已成为我国现阶段基本经济体制的重要组成部分,也成为进一步经济改革的突出难点（陈林，2014）。也有学者认为，我国现实中的行政权力大面积渗透到很多领域，使这些领域具有浓厚的行政垄断色彩（石淑华，2006；王俊豪等，2007）。还有学者认为，现实中的自然垄断和行政垄断往往交织在一起，但本质是行政垄断（杨秀玉，2010；杨淑云，2010a；陈学云等，2008）。由于行业性行政垄断涉及目前我国深层次的体制问题，在相应政府体制与职能转变之前难以直接通过反垄断法进行调整，而行政性垄断概念得到确认要等到十九大。

（二）豁免行业性行政垄断

行政垄断可以大体分为地区性行政垄断和行业性行政垄断，2008年《反垄断法》将行政性垄断的对象主要瞄准了地区性行政垄断，而对行业性行政垄断做了相当程度的豁免。该法第七条规定，"国有经济占控制地位的关系国民经济命脉和国家安全的行业以及依法实行专营专卖的行业，国家对其经营者的合法经营活动予以保护"。尽管该条款后面也提及国家"对经营者的经营行为及其商品和服务的价格依法实施监管和调控，维护消费者利益，促进技术进步"，以及"前款规定行业的经营者应当依法经营，诚实守信，严格自律，接受社会公众的监督，不得利用其控制地位或者专营专卖地位损害消费者利益"，但这已是很明确的行业豁免条款。

此外，该法第五章如果排除完全针对地区性行政垄断行为的条款，只有"限定交易""强制经营者从事垄断行为"和"制定含有排除、限制竞争内容的规定"三种适用于行业性行政垄断的行为。而且，该法第五十一条规定，对公权力机构滥用行政权力实施排除限制竞争的行为，"由上级机关责令改正"，反垄断执法机构只有权"向有关上级机关提出依法处理的建议"；并进一步规定，法律、行政法规对公权力机构"滥用行政权力实施排除、限制竞争行为的处理另有规定的，依照其规定"。这些都使得行业性行政垄断在反垄断法中享有相当明显的豁免地位，造成对行业性行政垄断的规制难以到位。

虽然反垄断法规定关系国民经济命脉和国家安全的行业可以享受豁免，但该法并没有给出判别关系国民经济命脉行业的标准，也没有确定由谁来认定某行业是否具有关系国民经济命脉的地位。有专家主张，适用反垄断豁免需满足必要条件，即合法的行政性垄断应不具有社会危害性和可责难性，至少相关行政性垄断行为的宏观经济利益应该大于其所造成的损害（陈林，2019）。

（三）大多是事后监管垄断行为

尽管反垄断法对经营者集中有事前监管措施，但对滥用市场支配地位和垄断协议等行为一般均采取事后规制模式。反垄断法只是要求公权力组织不得实施行政性垄断，并未以最大程度上避免出现行政垄断而在事前采取必要的措施，是典型的事后性监管。这与反垄断法从总体上不反对垄断地位、只反对垄断行为的立法思路是一致的。

有学者讨论过行政性垄断的制度特征和行为特征，例如有研究提出行业性行政垄断主要体现为经济制度问题，地区性行政垄断则主要体现为地方政府行为。但也有学者提出行政性垄断的体制和行为关系更多应从本质与现象、内容与形式的关系去看，因此行政性垄断关键是行政垄断体制的问题（张淑芳，1999）。制度属性较强的行业性行政垄断在我国的历史更久远，影响范围更广，作用力度更强，因此特别需要加以事前防范。但遗憾的是，反垄断法更多侧重于行为规则，相对忽视或轻视体制层次的治理。

四、公平竞争审查制度的建立

《反垄断法》实施以后，已经有过针对地区性行政垄断的反垄断判例，但由于已有法律规制依据不足，无法对发生涉嫌滥用行业性行政权力排除限制竞争的行为进行规范，而如何在事前防范政府制定行政性垄断政策措施的问题也提上了日程。于是，可以看到国家规制行政性垄断的步伐开始明显加快。

2013年，党的十八届三中全会通过《中共中央关于全面深化改革若干重大问题的决定》，明确"经济体制改革是全面深化改革的重点，核心问题是处理好政府与市场的关系，使市场在资源配置中起决定性作用和更好发挥政府作用"，要求"清理和废除妨碍全国统一市场和公平竞争的各种规定和做法，严禁和惩处各类违法实行优惠政策行为，反对地方保护，反对垄断和不正当竞争"。在关于深化国有企业实行以政企分开、政资分开、特许经营、政府监管为主要内容的改革表述时，明确提出"进一步破除各种形式的行政垄断"。

2016年，国务院正式下发《关于在市场体系建设中建立公平竞争审查制度的意见》，要求政策制定机关出台涉及市场经济活动的政策措施必须进行公平竞争审查。与已有反不正当竞争法及反垄断法不同，虽然公平竞争审查制度文件仍旧没有使用"行政性垄断"概念，但其规制对象是"行政机关和法律、法规授权的具有管理公共事务职能的组织"，明确要"健全行政机关内部决策合法性审查机制，有利于保证政府行为符合相关法律法规要求，确保政府依法行政"。

公平竞争审查制度的建立，目的在于事前防止行政政策措施排除、限制市场竞争，这的确至关重要。公平竞争审查制度还弥补了只适用于具体行政行为的行政诉讼制度，使那些限制排除竞争的抽象行政行为也受到一定程度限制。为了最大限度地保证审查范围的全面性，国务院意见要求对行政法规和国务院制定的其他政策措施、地方性法规，起草部门应当在起草过程中进行公平竞争审查，未进行审查的，不得提交审议。因此除了法律，其他层级的各类文件都属于审查对象，实现了审查对象的全覆盖。公平竞争审查制度目前已经在全国基本建立，国务院各部门和省、市、县各级政府都已经开展了审查工作。

有研究总结我国竞争政策发展历程，认为 2008 年和 2016 年分别诞生了《反垄断法》和公平竞争审查制度两大竞争政策工具，因此是最重要的两个阶段性标志（李青，2018），但实际上竞争政策的发展还有一些关键节点。例如，1978 年党的十一届三中全会启动市场化改革；1993 年实施《反不正当竞争法》，并开始进一步推动直到 2008 年的《反垄断法》；2013 年党的十八届三中全会全面深化改革决定明确破除行政垄断，2016 年公平竞争审查制度实现对行政性垄断的事前性规制，标志着竞争政策实现了质的飞跃；2017 年，党的十九大报告进一步明确提出"打破行政性垄断"，意味着包括规制行政性垄断的竞争政策作为基本经济政策已达成高度共识；2018 年新组建的国家市场监督管理总局正式成立，并明确该局承担反垄断统一执法职责，有利于结束反垄断分散执法所导致的低效率局面。

关于行政性垄断与国有企业的关系，国际上通行的竞争政策里还有一个"竞争中性原则"，它强调国有企业和非国有企业可以并存，但是，政府部门在市场竞争中必须保持中立，对不同所有制的企业一视同仁，平等对待，保证国有企业与国家的联系不给其带来竞争优势。根据 OECD 确认的含义，竞争中性的内涵包括企业经营形式、成本确认、商业回报率、公共服务义务、税收中性、监管中性、债务中性与补贴约束、政府采购等 8 方面的标准，目的就是防止国有企业（或公共企业）以公权力主体和国有财产所有者双重身份参与市场竞争导致不公平（李锦，2018）。国际经济形势的变化已经使落实竞争中性变得紧迫，中国官方2018年宣布考虑接受以竞争中性原则对待国有企业，是对建设公平竞争开放型世界经济负责任的表现（易刚，2018）。2019年《政府工作报告》则明确提出按照竞争中性原则，在要素获取、准入许可、经营运行、政府采购和招投标等方面对各类所有制企业平等对待。

五、进一步规制行政性垄断的要求与思路

很高兴看到我国规制行政性垄断的法治进程已经取得长足推进，但由于行政性垄断的体制机制根源深、治理难度大，因此这方面的工作仍需要进一步深化和完善，以下几点特别值得重视。

（一）以"使用"代替"滥用"定义行政性垄断

现行反垄断法将行政性垄断的定义表述为行政主体滥用行政权力，排除、限制竞争，其中"滥用行政权力"的表述容易被理解为行政主体只有在不适当或过度使用行政权力排除、限制竞争时才构成行政性垄断行为。实际上，由于传统经济体制机制存在的问题，即便行政主体不滥用行政权力也很容易出现各种排除、限制竞争的情况。因此，现行反垄断法在实施中易出现行政性垄断规制范围过窄的问题。

反垄断法对于行政性垄断的判断目前基本上是纳入行政法的思路，这导致行政机关很容易借助"程序合理性"将实质上的垄断行为排除在法律规制之外。而依据竞争政策的效果标准，凡导致排除、限制竞争效果的行为都应被认定为具有违法性。因此，若要评判行政主体行为的正当性，就应当调整评判标准，以市场机制是否受到损害为基本标准，完善合法性审查的框架，凸显合理性审查要求。

丁茂中和陈林提出的行政性垄断定义分别为行政主体"使用行政权力排除、限制竞争"和"使用行政权力不合理排除、限制竞争"，都去除了"滥用"表述（丁茂中，2018；陈林，2019）。他们的修改建议是有道理的，相对于贬义"滥用行政权力"的判别标准而言，中性的"使用行政权力"判别标准更准确，无论是不是滥用行政权力，也不论是否符合行政程序，只要行政主体不合理排除、限制竞争，就构成行政性垄断行为。

2016年，国务院要求建立公平竞争审查制度的意见中虽然还有"纠正滥用行政权力"的字样，但审查对象已经从程序性的"是否滥用行政权力"转变为实质性的"是否排除与限制了竞争"，实际上已经明确要以公平竞争审查制度重构各级政府及公共组织的行政流程。在这种情况下，反垄断法应该尽快修正关于行政性垄断的定义。

（二）弥补行政性垄断中经营者责任的缺位

关于行政性垄断主体，目前反垄断法和公平竞争审查制度都使用了"行政机关和法律、法规授权的具有管理公共事务职能的组织"的定义。也有文献将这这些主体统称为"行政主体""公权力主体""公权力组织"或"公共组织"。关于公共组织的定义，一般多指以管理社会公共事务，提供公共产品和公共服务，维护和实现社会公共利益为目的，拥有法定或授予公共权力的组织实体，而公共组织一般包括政府机构、政府事业机构、政府公司和非营利组织。但与1993年《反不正当竞争法》中明确"公用企业或者其他依法具有独占地位的经营者"不同，反垄断法中行政性垄断主体是否应该包括政府公司等经营性组织似乎并不确定。

有专家对现行反垄断法行政性垄断规制中存在经营者责任缺位提出了批评。例如，张晨颖（2018a）认为，现行反垄断法关于行政垄断规制的一个重大疏忽，就是行政性垄断行为的违法主体并不包括那些带有行政性职能的经营者。她认为，行政性垄断是行政性与经济性的合体，那些源于行政权力的垄断行为，通过不同方式作用于市场造成排除、限制竞争后果，而其作用的支点就是那些参与垄断的相关企业或经营者。陈林（2014）也提出，我国经济改革过程中曾一度涌现出各种被授权担负行业管理职能的行政性公司和"翻牌公司"，并成为行政性垄断特别是行业性行政性垄断的典型特征。因此，构建行政性垄断经营者的法律责任制度应该是治理行政性垄断，特别是治理行业性行政性垄断必不可少的一环。

现有行政性垄断规制框架下的行为主体均局限于行政机关和公共组织，而忽视了参与垄断行为的经营者，对其法律责任的追究也没有依据。产生这种疏忽的主要原因是基于传统行政法原理的反垄断立法，主要关注从程序合法性规范行政机关的行为，而忽视造成行政性垄断的内在体制机制原因。结果造成对国家铁路这样的主体，管政府的行政法从法理上无法管辖，管企业的民商法又管不了，其按照公司法改成集团公司后将更是如此。

行政性垄断的复杂性就体现在行政权力与市场行为交织在一起，导致行政性垄断和经济性垄断之间存在紧密联系，从而无法将两者截然分开。反垄断法应当把握的核心并非其行政权力滥用的外在形式，而是其排除、限制竞争的内在本质。为有效规制经济行为并实现公平正义，在讨论行政性垄断问题时，必须将视野扩展到市场因素内在的运作机制中，而经营者在其中扮演的角色是构成其应责性的基础所在。（张晨颖，2018a）

本文赞同在反垄断法修订时将行政性垄断经营者及其行政性垄断行为明确列入，并根据经营者行为的违法程度追究其法律责任，而且认为公平竞争审查制度的审查对象也同样应该将行政性垄断经营者列入。惟此才能全面、有效地预防和制止行政性垄断行为。

（三）加重对行政性垄断的违法处罚

只有法律责任具有足够威慑力，才能迫使义务人在绝大多数情况下依法行事，从而促进既有规定能够普遍性地得到有效遵守（丁茂中，2018）。现行反垄断法规制行政垄断主体的相关责任，其一是针对行政机关或公共组织，责任形式为"由上级机关责令改正"，其二是针对行政机关或公共组织中的直接责任人员，责任形式为"依法给予处分"。反垄断法关于行政性垄断的法律责任规定使其威慑力在整体上比较弱（秦晓玉，2018），特别是难以制裁实施行政性垄断的经营者。

有学者主张，"改正"并非对所有的违法行为都适用（丁茂中，2018）。行政性垄断不是行政不当行为，也不是行政程序违法行为，而属于严重的行政违法行为，属于无效行政行为，因此执法机构应当宣告行政垄断行为无效，而不是仅仅责令行政主体改正行政垄断行为。此外，只靠追究行政责任也难以最大程度限制行政性垄断行为，张晨颖（2018b）论证了经营者在行政性垄断损害竞争机制中的客观作用与主观动机，认为不论是行政性垄断行为做出前后的任何阶段，如果经营者在知情的情况下参与，均难以否认存在利益动机，她进而从应责性和可责性视角讨论了经营者在行政性垄断行为中造成的损害和相关处罚问题。

法律责任是法的实施机制的重要组成部分和法的特定调整功能得以实现的根本保障。我国反垄断法规定了针对违法垄断行为的行政责任和民事责任，搭建起了反垄断法法律责任的基本框架。其中，通过执法机构针对行为人的没收违法所得、处以罚款和垄断行为受害人向行为人主张民事损害赔偿责任，实现对违法者的财产处罚和金钱索赔,是反垄断法实现惩罚和威慑违法、实现矫正正义的核心机制。从金钱处罚的角度来看,没收违法所得的对象是经营者的非法收入,体现的是"追缴"的功能;罚款针对的是经营者的合法收入,藉以体现威慑作用;而垄断行为对特定主体造成的损害则应由相应民事诉讼实现救济(丁茂中,2018)。但可惜这些经济处罚在反垄断法中并未针对行政性垄断的执法。

法律责任是阻却违法行为的最后一道防线。法律责任若要发挥其应有的作用,就应当过罚相当。如果法律责任过轻,则无法对违法行为形成有效惩罚,进而难以预防未来违法行为的发生,无法实现一般预防和特殊预防。垄断行为的责任源于其对市场秩序、消费者、公共利益的损害,而垄断行为通过破坏市场竞争秩序,导致市场机制失灵,进而造成社会净损失,损害社会公共利益和消费者福利,降低经济运行效率。各国反垄断法对垄断案例的判罚一般都比较重,我国反垄断法对行政性垄断经营者的规制显然也应该包括足够力度的金钱处罚(丁茂中,2018)。此外,也应该认真考虑区别过失与故意而对行政性垄断违法行为增加刑事责任(林琦,2018)。

六、行政性垄断损害铁路互联互通效率

铁路作为网络型产业,只有实现互联互通,才能达到运输效

率最优。具体来说，铁路网内不同企业之间必须实现过轨直通联运，才能为市场需求方提供相对完整的运输位移服务；另一方面，完整运输产品也是共同组成公共路网的各个铁路企业共同利用网络效应，提高各自运输密度经济和网络幅员经济实现经济效益的条件（荣朝和，2009）。这很像常见的多式联运链条，但多式联运是不同运输方式的企业打破行业界限共同组成链条，而铁路的直通联运要打破的是行业内的障碍，由不同铁路企业共同构建联运链条。

只有在运输企业之间建立公平公正的互联互通规则，才能在尊重市场主体经济权利的前提下，实现应有的网络效率和效益。铁路的现代治理体系与能力，在很大程度上就是要适应互联互通的需要。对外能够实现不同运输方式之间的互联互通，使自己成为高效率多式联运链条的组成部分；对内则适应投资多元化、市场主体多元化所要求的互联互通，实现铁路行业内的直通联运。我国铁路管理体制的突出短板，就是依旧沿用传统管理模式，铁路企业只会在管界内逞强，而不能适应内外部互联互通的新要求。实际上，即便在国铁内部，如何处理铁路局之间各自为政、以邻为壑、合作效率低下等问题，长期以来也一直是个大困扰。

铁路的技术标准与规范性文件是该行业正常运行的基础，也是构建市场公平秩序的重要依据。2013年铁路政企分开后，原铁道部时期颁布的技术标准与规范性文件仍然具有法律效力。从道理上说，应该由国家铁路局负责对适用于全行业的规范进行解释、修订或颁布新规范，但非常不合理的却是由铁路总公司在继续制定和发布新的规范性文件。尽管从理论上讲，铁路总公司新颁布的规范性文件只对其下属系统的经营管理具有约束力，但由于铁路总公司的特殊地位，其他铁路企业在与其发生交往业务时不得不依据这些规范性文件。即使是地方铁路之间的交易，由于政府机构颁发的行业规范性文件缺失，往往也只能参照铁总的内部规范甚至电报进行办理。结果造成铁总的企业标准和规范被异化为事实上的行业标准和规范。

关于企业标准与国家标准或者行业标准的关系，国家鼓励企业制定严于国家标准或者行业标准的企业标准。但其适用范围应该是在企业内部，因为企业标准的制定与实施也有可能被优势企业用于设置进入壁垒，排斥其他竞争者进入市场，谋求竞争优势或垄断地位。铁路的网络性技术经济特征特别显著，把企业标准和规范异化为行业规则，就更容易构成技术和经营壁垒，增加其他联网企业的接入和运营成本。由于铁道部撤销后在谁有权制定行业规范的问题上没有解决好，出现技术标准与规范文件领域的政企职能严重错配，这也是国铁仍旧具有行政垄断地位的来源之一。这造成铁路市场秩序有失公允，地方铁路和民营铁路能否在铁路网上开展直通运输，完全要听命于国家铁路，垄断和不公平竞争破坏了互联互通。这方面主要存在但还不限于以下的问题（课题组，2016）：

1. 在非国铁线路建设需要与国铁路网接轨的过程中，国铁机构在接轨协议、接轨站确定、接轨投资分担、相应技术和安全标准确定等方面利用网络在位者优势设置不合理条件，阻碍甚至排除公平接入。例如，某铁路局曾坚持不准某长江新港口建专用线与国铁联网，内在原因竟是新线径路将比原有老港缩短100多公里，会影响铁路局的清算收入。另一铁路局管界内一民营煤矿建好专用线后，因类似原因无法"立户"而得不到所需铁路空车，不得已常年使用汽车把煤炭运到铁路局指定的车站去，大大增加运输成本，在诉诸法律仍无作用后只好低价卖掉路矿资产。

2. 自管自营的合资铁路建成后，普遍面临着同国铁联网运营和实现"一票直通"的超常困难。国铁企业对非国铁企业可能带给国铁的竞争予以策略性压制，既增加了客户成本，也降低了整个铁路行业的竞争力。曾发生过某铁路局一定要在自己参股但非控股的集装箱中心站近旁另建同样功能的集装箱场站，以防"肥水外流"的案例。

3. 国铁系统在列车运行图制定、短缺运输能力分配、日常调度指挥和车流调整等方面没有公开透明的分配机制、协商机制和争端解决机制，给非国铁运输企业的生产和经营带来很大负面影响。例如按照国铁的清算办法，货运列车通过线路时重车要向线路所有者缴纳线路使用费，而空车通过线路方就没有收入，车流径路的调度原则本应是按"最短径路"，但在有替代性选择时国铁却会有意将重车和效益比较好的旅客列车业务安排在国铁自己的线路上，而让空车经由非国铁控股的地方性合资铁路。于是，一批地方性铁路的命运在很大程度上取决于国铁是否愿意对其"分流"。

4. 国铁企业在与非国铁企业联网运营过程中，利用网络在位者垄断优势强推不平等交易协议，一方面无偿使用非国铁企业的资产，另一方面又向非国铁企业收取高额的国铁资源使用费、设备安全管理费及各种运杂费，且收入清算不平等。如某物流企业曾希望通过诉讼解决自己购置数千辆C80型货车从国铁换取运输能力，但却被相关铁路局无偿使用多年的问题。而各铁路局要向"被委托运输"的合资铁路收取的委托运输费，其收取标准则一向是说不清道不明。

5. 由于掌控行业性技术标准和规范，国铁机构常借机车车辆检修的资质和验收标准排除和限制可能的竞争者。例如，神华集团（现国家能源集团）是同时拥有煤矿、铁路、港口和电厂的大型国有企业，国铁不愿看到这样一个有自主运营能力且利润颇丰的独立铁路系统存在，因此千方百计想限制其发展。神华集团所购买的机车被限令不得经由相关铁路局的线路借道运入；该集团货车厂利用富余能力为其他铁路企业厂修的车辆，则被借口不满足安全标准而不准进入或经由国铁系统。

由于存在这些方面的问题，使铁路市场处于基本规则严重缺失的状态，网络互联互通受阻，营商环境非常恶劣。一般非国铁企业特别是非委托运输合资铁路的运输收入无法保障，经营成本失控，正当权益受到侵害，甚至生存都受威胁，苦不堪言。这使得社会资本进入铁路行业的实际障碍畸高，也使铁路网放宽准入的承诺基本上成为一纸空文。

七、不当强化统一调度指挥加剧铁路垄断弊端

统一调度指挥问题也是一个从全局影响铁路市场化与行政垄断体制机制的核心问题。2013年党十八届三中全会决定要求，"国有资本继续控股经营的自然垄断行业，实行以政企分开、政资分开、特许经营、政府监管为主要内容的改革，根据不同行业特点实行网运分开、放开竞争性业务，推进公共资源配置市场化"。国研中心（2013）在其研究报告中也提出，要借鉴国际上"网运分离""区域竞争"和"干线公司＋平行线竞争"等经验，从实际出发积极探索适合国情的铁路运营模式，特别提出铁路监管部门应制定并实施通路权开放等相关规则。但本文认为，如果运营调度指挥的公正性问题不解决，开放通路引入竞争就不具备基础。从原铁道部到铁总和现国家铁路集团，一直主张通过统一调度指挥确保全国铁路路网的完整性和效率。实际上，强调网络性和效率只是一个方面的要求，另一个方面则必须重视铁路运营调度指挥对于不同企业的公平性。统一调度指挥不应该继续成为强化行业性行政垄断的实质源头。

调度指挥是铁路运输企业最重要的生产指挥权，原铁道部实行统一调度指挥是因为政企合一的铁道部本身就是一个大企业，

它要靠行政性的统一调度指挥维系各铁路局之间的互联互通，靠剥夺企业自主权维持系统效率。统一调度指挥的作用一直是两方面的，负面影响其实很大，特别是形成了只有靠统一调度指挥才能保证互联互通的惯性思维。合资铁路出现以后，国铁本应从强调全路统一调度指挥转向强调在公平基础上的互联互通，把提高铁路运输网络效率与尊重多元投资铁路企业财产权利的要求统一起来。但原铁道部采取了依靠行政力量强化统一调度指挥，甚至要扩大到整个行业范围，该思路是错误的，也因此造成了很多问题。政企分开以后，国铁仍旧沿用了原铁道部的做法。

铁路的调度指挥职能大体可以分解为列车运行图编制、线路能力分配、列车行车调度、车流形成组织以及空车调运等几部分工作。作为铁路企业核心生产指挥权的运营调度指挥职能，照理说应该保留在企业内部。由于铁路客货运输需求与供给都是在网络上发生的，如果运输需求与供给的尺度超过铁路企业的管辖边界，就会产生对跨边界的客货流和列车运行要求，但全国性的铁路统一调度指挥也并不是必要或绝对必须的条件。我们在其他铁路大国看不到全国性统一调度指挥的例子，即便在国内，国有企业神华集团和伊泰等民党企业其实也一直在自己的铁路线上保持着独立于国铁系统的调度指挥系统。

在美国，诸多私营铁路之间的长期兼并大幅度减少了过轨运输，仍存在的过轨列车均服从线路所属企业的调度指挥，而行业协会在跨边界信息、清算服务和过轨车辆规则等方面发挥着更多协调作用。欧盟规定成员国铁路网运分离是为促进跨国直通运输，同时在铁路运输市场引入竞争，但跨界列车按照协议服从基础设施所在国的调度指挥。日本国铁改革时各JR公司通过划分相对合理的公司边界致使过轨列车相对不多，必须过轨的直通规则与美欧情况类似（宋胜等，2004）。例如，在东京都市圈2000多公里的轨道通勤网络内，不同运营企业之间列车的过轨采用在分界站更换司机，并服从线路所属企业调度指挥的模式。

在我国传统国铁管理体制下，很多干线被人为不合理切割并由多家铁路局分头运营，于是对统一调度指挥的需要就大。国铁目前维持统一调度指挥的背景，是由于过去国铁政企不分和铁路局、分局体制对路网不合理分割造成效率损失才必须的。国铁系统实际上是以内部行政性体制，去解决多个铁路局之间过轨运输导致的能力与资源配置问题，而铁路局只能服从这种更多属于行政意义上的安排。而即便是在这种"统一调度指挥"体制下，实际调度指挥系统也是分层次的，各铁路局在执行跨局调度安排与指挥命令的同时，其调度仍必须完成自身管界范围内的车流形成组织、重空列车及机车运行调度、线路与其他设施设备维护窗口协调等工作。

在原铁道部期间，各铁路局基本上就是其下属的生产车间，政企分开以后，划分不合理的铁路局仍旧难以针对完整运输产品承担责任和控制成本，还要依靠铁总或国铁集团进行生产指挥与财务分配，不能算是真正的企业主体。如今的国铁集团是被赋予集团名称的国家授权投资机构，实际上则是行业总公司性质的混合经营型国家控股公司，统一调度指挥是其维系系统控制的重要手段。其实早有对行业性国家授权投资机构可能带来行业性行政垄断的担忧（国家计委宏观经济研究院课题组，1996），因为在一个控股公司内部，各子公司之间是在价格、收支、投资等重要方面协调对外的"兄弟单位"关系，如果行业的主要经济活动和企业发展都集中由一个控股公司掌握，就必然会失去竞争压力。在混合经营型行业控股公司体制下，子公司本来就只有生产经营权而没有以投融资决策为核心的发展权，由于铁路局原本生产经营权就不完整，就更难以作为真正的企业发挥市场主体作用。而作为特定区域内铁路网络在位者同时具有行政垄断身份的铁路局，却往往有足够的能力画地为牢。

如何终结行政性统一调度指挥并让铁路公司成为真正的企业并得到有效监管，实际上一直是国铁系统改革无法回避的核心问题之一。但原铁道部和铁路总公司不但一直坚持并强化国铁内部的统一调度指挥，而且通过控股收编、委托运营等途径在更大的尺度上推行这种行政性统一调度指挥模式。把统一调度指挥的边界无原则地扩展到包括国铁控股甚至非控股合资铁路企业的人劳财计各领域，造成了越出国铁边界的实质性垄断。因此，国铁在调度指挥职能中单方向越界的操控权力对相关企业的经营甚至生存关系重大，现有体制下的统一调度指挥导致国铁系统具有了难以有效制约的经济性叠加行政性垄断的力量，国铁垄断一直难以打破的深层根源也正在于此。

八、正确认识行政垄断造成的效率损失

一直有观点认为，国铁行政垄断管理体制可以发挥集中力量办大事的优势，但我们认为，铁路行政性垄断已经走向反面，国铁垄断已明显弊大于利。

其一是行政垄断极易导致"寻租"。铁路总公司是被中央巡视组（2015）点名权力"寻租"问题很严重的部门，实际上，除了被巡视组明确指出的工程建设、物资采购、货物运输等重点领域"寻租"问题较为严重和"一些领导干部亲属子女在铁路系统经商办企业、靠路吃路等问题时有发生"以外，铁路"寻租"还有更广泛和深层的问题。由于存在一定公益性特性，而且往往受政府干预过多，因此铁路是一个很容易陷入"设租"—"寻租"锁定状态的行业（李春香，2019），各国铁路改革在某种程度上都是为帮助该行业解除这种不良状态所做的努力。原铁道部和铁路总公司长期以来在铁路建设运营中获得政府的大量投资、发债、补贴及其他政策支持，享受低于基准利率的优惠，而且亏损、偿债都由政府兜底，在自我扩张中可以更多从政府获得租金，导致预算约束软化。而依靠所具有的行政性垄断力量，有关人员和群体也很容易实现多方向"设租"与"寻租"的巨大利益输送，少数人甚至成为被社会势力"围猎"的目标。而一旦

进入"寻租"锁定状态，它们在市场之外获取利益的努力就会超过通过市场的正当努力，并因此造成越来越大的危害。

其二是由于国铁一直不想打破其自身垄断所带来的各种好处，从而使得整个行业的竞争力无法提升，导致铁路在整个运输市场中份额不断下降。过去运输能力不足，国铁企业习惯当"坐商"等客户上门，无意提高服务质量包括开展集装化联运并费力去搞营销。但大规模高铁建设释放货运能力以后，人们发现大量适运货物早已经转移到公路方面去了，而要改变社会经济已普遍基于公路运输节奏而形成的供应链，让运量回到铁路难度非比寻常。面对近年得到快速发展且具有庞大网络的快递物流企业，铁路恢复之前停办多年的零担运输尝试也告失败。系统内部存在的内耗与低效造成铁路货源增长受限，甚至一度连续出现萎缩，与铁路建设投入巨大规模资源以及社会期望严重背离，直到中央高层不得不下决心直接推动"公转铁"的运输结构调整。

其三是铁路本应尽快由加快投资建设向提高服务质量转型，由主要依靠超大规模和高杠杆投资粗放发展向经济与财务的可持续发展转型，但在目前体制下国铁仗着"大到不能倒"和巨额补贴，有可能会更加远离市场。在我国城市化进入大都市区化阶段的今天，国铁显然也应该尽快向为都市区通勤服务和城市物流转型，大量地处大城市中心和市郊的铁路闲置资源应尽快转型为城市交通服务，但国铁系统一直缺少必要的动力（荣朝和，2014），只是被动等待在与城市政府博弈过程中寻租获利。而在未来有可能获得大发展但明显应该由地方政府主导的市域和城际铁路领域，据说国铁已开始禁止有关公司采购自己所需要的机车车辆，只能用向国铁租赁的方式从事运营，这显然已涉嫌利用公权力限定交易。

此外，目前国家铁路垄断体制造成的低效率损失除了其作为企业所发生的成本和亏损，更多则是发生在受损的铁路客户及被垄断侵害的非国铁企业身上，也包括该行业在整体发展中所付出的代价和对社会造成的外部成本。由于国铁行政性垄断的影响，很多专用铁路和专用线由于遭受在接轨条件等方面的排斥无法建设；已建成地方铁路或合资铁路很多由于国铁出于阻碍和排斥竞争，无法实现一票直通的联运服务，运输密度经济和网络幅员经济无法实现，造成非国铁控股合资铁路企业资源闲置甚至生存困难；由于合资铁路治理结构得不到尊重及行业营商环境恶化，使中央多次鼓励社会资本进入的决策难以落地，甚至有社会资本从已有项目中退出。

有研究曾对地方政府及合资铁路进行过调查（课题组，2016），在回答"国铁对非国铁企业发展形成的限制是什么"问题时，88%的受访者认为，是在与国铁路网互联互通过程中，国铁企业的显性和隐性要价太高、国铁利用货车调配和运输调度指挥权力对非国铁企业的正常运营进行限制、财务清算不透明。在回答"最希望国家出台什么促进铁路可持续发展的政策"时，74%的受访者认为，应出台明确的反垄断法规并重点对运输能力分配和财务清算进行监管、拆分中国铁路总公司、调度指挥权独立和解决地方铁路入网难问题；还有26%的受访者认为，应整合资源成立省级区域性铁路公司。在回答"目前最需要的铁路监管政策是什么"的问题时，91%的受访者认为，是运输能力分配规则、争端解决机制、服务质量标准和财务清算规则。可见，各有关方面对国铁行政性垄断弊端已经深恶痛绝，改革呼声极高。

这里随便也说一下对铁路自然垄断的看法。主要由运输密度经济和网络幅员经济所决定的铁路自然垄断特性，在一定范围内确实存在但并非一成不变。经济学已经区分了由规模经济决定的强自然垄断和由成本弱增性决定的弱自然垄断，当市场需求超过弱自然垄断的边界后，引入竞争就变得合理了（见图1）。

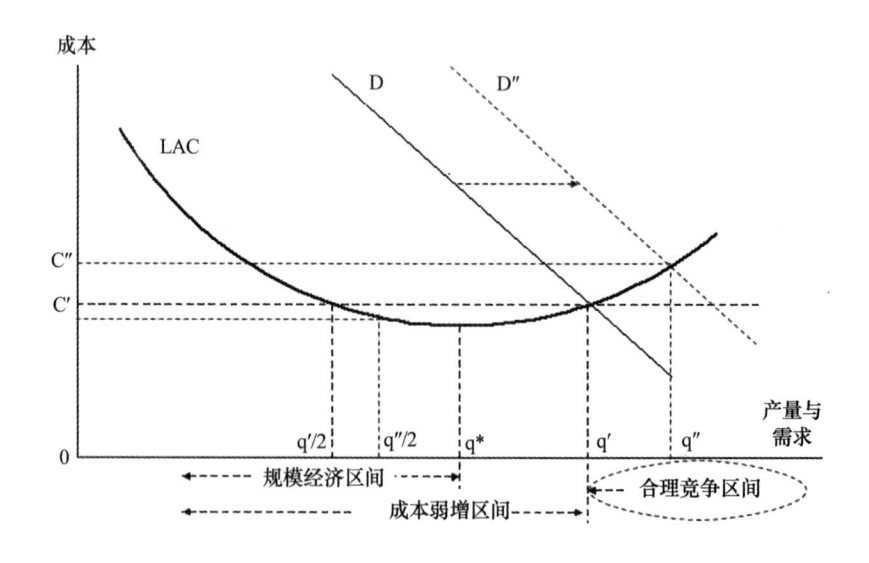

图1 规模经济、成本弱增性以及市场需求与自然垄断的关系

图中，LAC 代表某行业先下降然后上升的长期平均成本曲线，产量 q* 对应着成本的最低点；当需求与产量均处在 0-q* 区间，长期平均成本曲线不断下降，由单一企业生产的成本肯定低于两个企业，则该行业属于由规模经济决定的强自然垄断；当需求与产量在 q*-q' 区间，虽然 LAC 已经开始上升，但由两个企业生产的成本仍旧高于由单一企业生产的成本，即在 c' 以上，则该行业属于和成本弱增性决定的弱自然垄断；当需求与产量均已大于 q' 比如在 q'' 位置，由于 LAC 不断上升，由两个企业生产的成本就会低于继续由单一企业生产的成本 c''，因此该行业已经进入合理竞争区间，不再符合自然垄断条件。

在目前的铁路运输市场上，无论是列车运营还是基础设施都不同程度上出现了这样的情况。在运输密度经济方面，修建平行铁路线已成为相当普遍的现象，其中合理内涵是当通道内的客货运需求足够大时，分线运输和竞争就已具备经济性。而网络幅员经济也不一定越大越好，例如美国大型铁路企业之间的兼并在 2000 年以后基本停止，而日本国铁改革拆分为多家地区性 JR 公司的原因，也是认为，原来统一经营管理的国铁规模太大，无法适应地区性很强的具体运输市场竞争。因此，经济学并不支持全国所有铁路都必须由一家公司统一运营的结论。

九、推进铁路运输中间性业务去行政化

考虑到目前国家铁路对铁路行业的垄断是其铁路网在位者与

行政性垄断二者的叠加，因此光靠外部的反垄断立法与执法显然不可能完全奏效。对铁路垄断进行有效规制必须多管齐下：既包括加强反垄断政府机构国家市场监督管理总局的一般性反垄断监管和执法力度，也包括加强国家铁路局"负责拟订规范铁路运输和工程建设市场秩序政策措施并组织实施"的行业专业监管，改变其"不作为"的状况；既包括事前对建立组织和出台政策文件的公平竞争审查，也包括反垄断执法对垄断行为的事后规制；既包括公平竞争与反垄断的外部法治建设，也包括加快对铁路行业结构的改革进程，通过企业重组和机构调整在体制机制上有效制约其根深蒂固的垄断积习。

张梦龙（2013）提出铁路改革中跨企业边界的信息服务、票务服务、财务清算和调度指挥四种行业内关键公共业务，应该尽快进行公共化改革，即实现对不同铁路企业提供公平服务的独立化、透明化运作。其他一些如大型编组站、客运枢纽、货车租赁、设备维修基地、大型养路机械运用等特定业务，也都可以作为行业内的共用设施和中间性公共服务由独立专业企业运作，为相关企业提供平等服务。在重构铁路组织和规范行业内市场方面，这是一个值得重视的思路。

行业内跨企业边界的信息、票务、清算和调度四种关键性公共业务，都与铁路运输生产活动的关键信息流程高度密切相关，并因此对跨企业边界的互联互通具有基础性作用。这些业务并不是铁路行业向外部社会所提供的实体性客货运服务，只是前期交易过程及行业内部的中间性服务。在目前铁路运输物信关系水平下，使这几种关键信息作业实现独立运作的去行政化条件都已经成熟。民航和银行等行业在这方面也提供了很好的经验借鉴。这些关键公共业务独立运作并提供公平服务，将成为在铁路行业真正引入竞争并维护行业内公平市场秩序的重要条件，其中决定运力配置的跨企业边界调度指挥从过去排除限制竞争转变为维护公平有序的意义最为关键。

从分析逻辑和各国实践看，需不需要跨企业边界的公共调度指挥，取决于相关企业的实力地位是否大致平衡，以及企业间合作能否遵守公平公正原则。在国铁处于绝对主导和优势地位的情况下，跨企业边界调度指挥公共化应该成为必要时期内以公平竞争促进国铁改革，同时保护进入者特别是中小企业、民营企业的必要措施。未来我国铁路改革无论是采用网运分离，还是区域公司或干线公司模式，一段时期内把铁路调度指挥中跨企业列车运行图编制和相关能力分配职能独立出来，以保证其公平化、透明化运作应该都是必须的。

与前述国铁强行把内部调度指挥延伸到其他企业的性质不同，公共化跨企业边界调度指挥是适应铁路投资主体多元化、运营主体多元化、铁路企业分工多元化的特定要求。维护行业公平竞争的市场秩序是其核心，无论对处理国铁与其他非国铁企业之间的关系，还是重构国铁企业都至关重要。在完善反垄断法和公平竞争审查制度的前提下，跨企业边界的公共调度指挥系统和其他信息、票务、清算服务等系统由独立机构以中立公平原则运作，可有助于规制处于路网主体和市场支配地位的大企业滥用垄断权力排斥、歧视其他市场主体。

国家铁路这些年还一直要求合资铁路必须委托国铁系统的相关铁路局从事客货运输管理（铁道部，2011），即铁路局成为合资铁路的实际运营管理者（罗纲，2017；李亮等，2018），甚至以前述车流径路歧视的办法强迫合资铁路就范。这也是铁路行业内行政性垄断体制的典型领域，作为委托方的合资公司包括其主要出资人被剥夺了核心业务与事务上的选择权和公平交易权。2019 年，国家铁路局根据《铁路运输企业准入许可办法》，批准了两家建筑企业的铁路运输许可证，希望引入竞争能有助于打破铁总对合资铁路委托运营的垄断。但如果铁路行业内缺少公平和透明的跨企业边界信息、票务、清算和调度等关键性公共服务规则，批准其他企业参与运营的实际意义就会大打折扣，因为它们很难获得与国铁平等的运营条件。

行业性行政垄断的经济分析必须重视行业内部市场。通过行业内部中间性服务的公共化和去行政化构建行业内部市场的合理规则与秩序，在很大程度上决定着最终运输市场上的效率水平。铁路行政垄断的有效治理也必须依靠国家铁路局和行业协会等机构充分发挥服务与监管职能，但同时要为这些机构设计必要和有力的工作抓手。必须抓住跨企业边界的信息、票务、清算和调度等关键性公共业务，并及时制定列车过轨运营能力分配、收入分配、机车车辆租赁和委托运输规则等配套的行业管理办法。应该研究其他国家通过重组把传统国铁改造成可竞争性行业市场的改革经验。由路网企业承担列车调度指挥功能也是一个选择，但前提是要实行相对彻底的网运分离模式，而这在中国铁路难度很大。

十、推进有利于铁路改革的法治建设

可以看一下一段时期以来有关法律和重要政策文件关于铁路运输统一调度指挥的规定。1991年实施的《铁路法》第三条规定："国务院铁路主管部门主管全国铁路工作，对国家铁路实行高度集中、统一指挥的运输管理体制……国家铁路运输企业行使法律、行政法规授予的行政管理职能。"当时铁道部是政企不分的机构，而铁路局和铁路分局则是被铁路法认定的铁路企业。铁路法当时规定铁道部只是对国家铁路实行高度集中、统一指挥的运输管理体制，但国铁一直也从企业角度强调统一调度指挥的重要性，而且将其扩大到国铁网络以外。

2013年，在国务院《关于组建中国铁路总公司有关问题的批复》中，规定中铁总"以铁路客货运输服务为主业，实行多元化经营。负责铁路运输统一调度指挥，负责国家铁路客货运输经营管理，承担国家规定的公益性运输……负责拟订铁路投资建设计划，提出国家铁路网建设和筹资方案建议，负责建设项目前期工作，管理建设项目。负责国家铁路运输安全，承担铁路安全生产主体责任"。可以看出,铁路运输统一调度指挥的提法这时似乎已不仅限于国铁系统。

2019年6月,国家铁路集团有限公司挂牌成立信息披露的该公司职能,包括"承担国家规定的铁路运输经营、建设和安全等职责,负责铁路运输统一调度指挥,统筹安排路网性运力资源配置,承担国家规定的公益性运输任务,负责铁路行业运输收入清算和收入进款管理。经国务院批准,公司为国家授权投资机构和国家控股公司"(人民网,2019)。除了不限于国铁自身的运输统一调度指挥,还增加了"统筹安排路网性运力资源配置"和"铁路行业运输收入清算和收入进款管理"。

同样是2019年6月,在国务院公布的《交通运输领域中央与地方财政事权和支出责任划分改革方案》中,关于铁路领域中央财政事权的表述包括:(1)宏观管理。中央承担全国铁路的专项规划、政策决定、监督评价、路网统一调度和管理等职责。(2)由中央决策的铁路公益性运输。(3)其他事项。中央承担国家及行业标准制定,铁路运输调度指挥,国家铁路、国家铁路运输企业实际管理合资铁路的安全保卫,铁路生产安全事故调查处理,铁路突发事件应急预案编制,交通卫生检疫等公共卫生管理,铁路行业科技创新等职责。可以看出,路网统一调度和管理被作为中央在铁路领域宏观管理事权的组成部分,铁路运输调度指挥则被作为中央在铁路领域事权的其他事项,国铁集团当然会有相应权责。

2019年7月，在国家铁路局公开征求意见的《中华人民共和国铁路法（修订草案）》中，第三条说"国务院铁路行业监督管理部门对全国铁路实施监督管理"，和"国家授权投资机构负责国家铁路运输统一调度指挥，管理国家铁路建设项目和国家铁路运输经营等相关工作"；而其第七条和第八条第一款则分别是"铁路运输调度和运行图编制应当遵循安全、公平、效率原则，保证路网得到合理、充分、有效的利用，保障公众出行和物资运输基本需求"和"国家鼓励铁路运输企业在保障安全、公平互利的基础上开放铁路线路，开展企业间过轨运输并办理直通运输业务，按照行业统一运输清算办法清算相关费用"。我们关注到在这份法律修正案征求意见稿中，国铁集团的运输经营、统一调度指挥、建设管理等职能的表述还是被限制在国铁自身系统。

如果只是涉及企业内部要不要统一调度指挥，根本无需在法律和重要政策文件中反复强调，因此，确实存在着将国铁统一调度指挥扩大到整个行业的动能。但不同法律和政策文件关于铁路运输统一调度指挥等职能的规定还是存在差异与变化，其中有的表述为中央政府职权，也有的表述为国铁企业职权，也有的似乎希望将其约束在国铁内部，还有的是把"路网统一调度和管理"与"运输调度指挥"分别进行处理。由此我们估计不同机构在这一问题上的认识并未达成一致。

根据相关文件出台的流程，应该先是由国铁方面自己提出关于增加自身职能的要求，而且国铁往往是将统一调度指挥与铁路运输整体性和安全生产联系在一起说事，即网络效率特别是运输安全必须靠统一调度指挥保证。相信包括出于对铁路运输安全的优先重视和责任落实，上级机构应该是部分接受了国铁的诉求。以网络效率和运输安全为由强行扩大统一调度指挥的边界，只是传统运营管理体制的要求，与铁路多元投资、分层事权新形势所要求的可持续良性发展和现代治理体系与能力相悖（荣朝和，2019）。国家有关铁路的文件出台应在充分论证的基础上统一表述，尽量防止法律与政策用语与竞争中性原则发生矛盾，尽量避免实施中的观点误解与混淆。

我们认为，有关文件中将政府职权与企业职能分离，并明确提出"铁路运输调度和运行图编制应当遵循安全、公平、效率原则"，"铁路运输企业在保障安全、公平互利的基础上开放铁路线路，开展企业间过轨运输并办理直通运输业务，按照行业统一运输清算办法清算相关费用"的思路难能可贵，而且在很大程度上与前文建立跨企业边界的公共调度指挥系统和信息、清算等服务由独立机构以中立公平原则运作观点一致，可有助于规制处于路网主体和市场支配地位的国铁滥用垄断权力排斥、歧视其他市场主体。行业监管部门应积极研究建立适应市场经济条件的跨企业边界运营调度指挥规则与管理办法，以有效维护铁路网运输效率与市场公平秩序。

十一、研究结论

铁路在多方式运输市场上所占比重下降并不意味着其在行业内市场上就不存在垄断，国铁网络在位者和行政性垄断叠加导致的行业垄断程度现已达到无以复加的地步。行业性行政垄断与铁路改革政企分开的方向背道而驰，严重阻碍了在该领域建立正常市场秩序，造成的弊端越来越大。对铁路行业性行政垄断的制约和监管一直严重缺失，但是，铁路不是公平竞争与反垄断的法外之地。所谓自然垄断或者公益性都不构成铁路获得反垄断豁免的充足理由，因此，无论铁路具不具有自然垄断特性，无论铁总与后继的国铁集团当时如何成立，反垄断法和公平竞争审查制度都应有权对铁路行业的垄断现象实施规制。

铁路行业必须建立正常的市场秩序与规则，而我国竞争政策和反垄断立法已经初步构建了规制行业性垄断的基本条件。鉴于经济垄断与行政垄断的混杂性，反垄断执法机构应同时有权调查并处置行政性铁路企业滥用市场支配地位和使用行政权力不合理排除、限制竞争的行为。要鼓励受侵害方积极提出申诉，而反垄断执法机构应依法进行事前的公平竞争审查和事后对违法行为的调查处置，并主动向有关上级机关提出依法处理的建议。国家铁路局和交通运输部作为上级机关也必须承担起专业性监管的责任，形成特殊行业专业监管与一般反垄断执法的有效协作机制。

有必要认真研究铁路作为典型行政垄断领域的特性，促推我国竞争政策在反垄断法豁免领域尽快形成内在的治理逻辑与规制手段，实现"重大改革立法先行"的要求。修改完善反垄断法和公平竞争审查制度都应该增加对行政性垄断行业，和以国家铁路为典型行政性垄断经营人的规制措施。公平竞争审查制度应阻止铁路企业或机构的设立形成事实上的垄断组织，至少要明确其公平竞争职责；尽早杜绝由国铁等行政性企业出台行业规范及市场规则文件，可先规定其发布行业性文件必须先接受公平竞争审查；还应清理原铁道部和铁路总公司／国铁集团已有违反公平竞争的行政文件。

铁路的垄断弊端，已对该行业自身发展的可持续性、路网内互联互通的达成与效率、综合交通运输体系的建立和经济社会全局产生了日益明显的负面影响。大力度推进以打破垄断、促进竞争、重塑监管为重点的行业改革已刻不容缓。要以打破行政性垄断为突破口，切实而不是表面地放宽准入，形成竞争性市场结构，探索适合国情的多元化铁路产权形态和运营模式，同时在自然垄断环节形成有效监管，切实促进互联互通。而在国家授权投资机构层面，一是要形成多元化的资本经营主体，二是要形成竞争、开放的资本市场。2013年撤销铁道部只是使铁路在形式上政企分开，目前改革已进入攻坚期和深水区，深层次矛盾和问题已经躲不开、绕不过，不改没有出路，改慢了贻误时机付出的代价将更大。

参考文献

[1] 百度知道，2019：行政管理名词解释：公共组织与非公共组织。

[2] 陈林，2014：《中国行政垄断制度的经济绩效》，中国社会科学出版社。

[3] 陈林，2019：《公平竞争审查、反垄断法与行政性垄断》，《学术研究》第2期。

[4] 丁茂中，2018：《论我国行政性垄断行为规范的立法完善》，《政治与法律》第7期。

[5] 国家发展改革委等，2017：《公平竞争审查制度实施细则（暂行）》，11月2日。

[6] 国家计委宏观经济研究院课题组，1996：《关于设立"国家授权投资的机构"问题的研究与探讨》，《集团经济研究》第3期。

[7] 国家市场监管总局，2019：《将把公平竞争审查作为落实竞争中性的重要措施》，中国新闻网。

[8] 国家铁路局，2019：《关于公开征求《中华人民共和国铁路法（修订草案）》（征求意见稿）意见的通知》。

[9] 国务院，2013：《关于组建中国铁路总公司有关问题的批复》。

[10] 国务院，2016：《关于在市场体系建设中建立公平竞争审查制度的意见》。

[11] 国务院办公厅，2018：《关于印发推进运输结构调整三年行动计划的通知》。

[12] 国务院办公厅，2019：《关于印发《交通运输领域中央与地方财政事权和支出责任划分改革方案》的通知》。

[13] 国家发展改革委，财政部，商务部，国家工商行政管理总局，国务院法制办，2017：《公平竞争审查制度实施细则（暂行）》。

[14] 国务院发展研究中心，2013：《新一轮改革的战略和路径》，中信出版社。

[15] 国资委，2008：《《反垄断法》将"重点照顾"央企重组》。

[16] 课题组，2016：《规范铁路运输市场秩序监管技术咨询报告》。

[17] 李春香，2019：《寻租理论视角下的美国铁路发展进程研究》，北京交通大学博士论文。

[18] 李大雨，2018：《财政视角下的行政性垄断问题研究》，中国财政科学研究院博士论文。

[19] 李克强，2019：《年国务院政府工作报告》。

[20] 李锦，2018：《以"竞争中性"塑造引领国企改革》，《经济参考报》。

［21］李亮等，2018：《关于合资铁路公司国铁股权管理的实践与思考》，《铁道经济研究》第 3 期。

［22］李青，2018：《中国竞争政策的回顾与展望》，《竞争政策研究》第 2 期。

［23］李雨石，2018：《认识行政垄断》，《光彩》第 8 期。

［24］林琦，2018：《我国行政垄断规制的完善建议》，《法制博览》第 8 期。

［25］罗纲，2017：《浅析合资铁路的委托运输管理》，《铁道经济研究》第 1 期。

［26］全国人大常委会，1991：《中华人民共和国铁路法》。

［27］全国人大常委会，1993、2017：《中华人民共和国反不正当竞争法》。

［28］全国人大常委会，2007：《中华人民共和国反垄断法》。

［29］秦晓玉，2018：《浅议行政垄断的法律规制——以全国首例行政垄断诉讼案件为引》，《法治与社会》第 5 期。

［30］人民网，2019：《中国国家铁路集团有限公司挂牌成立》。

［31］荣朝和，2009：《关于运输经济研究基础性分析框架的思考》，《北京交通大学学报（社会科学版）》第 2 期。

［32］荣朝和，2014：《铁路/轨道交通在新型城镇化及大城市时空形态优化中的作用》，《北京交通大学学报（社会科学

版)》第 2 期

[33] 荣朝和，2019：《铁路可持续发展必须明确事权与支出责任》，《北京交通大学学报（社会科学版）》第 3 期，

[34] 宋胜、荣朝和，2003：《日本铁道与铁道企业的分类及相关法律法规》，《铁道运输与经济》第 5 期。

[35] 水皮，2018：《评易纲首次对国企竞争中性原则表态》，《国际经贸在线》。

[36] 铁路职工生活圈，2019：《铁路行业大变局，工程局拿到铁路运输许可证，变身运输局》。

[37] 铁道部，2011：《关于新建合资铁路委托运输管理的指导意见》。

[38] 王先林，2008：《论反垄断法实施中的相关市场界定》，《西北政法大学学报》第 1 期。

[39] 王晓晔，2018：《中国反垄断法实施面临六大严峻挑战》，《中国价格监管与反垄断》第 9 期。

[40] 习近平，2017：《在中国共产党第十九次全国代表大会上的报告》。

[41] 易纲，2018：《竞争中性是什么意思》，中国质量报。

[42] 于立等，2017：《中国高铁产业分析与反垄断法适用性》，《中德法学论坛》第 14 期。

[43] 于立，2019：《"产业≠市场"是反垄断经济学的基石》，《反垄断研究》第 1 期。

[44] 张晨颖，2018a：《行政性垄断中经营者责任缺位的反思》，《中外法学》第 6 期。

[45] 张晨颖，2018b：《损失视角下的垄断行为责任体系研究》，《清华法学》第 5 期。

[46] 张梦龙，2013：《论铁路改革中的结构问题》，经济科学出版社。

[47] 张淑芳，1999：《依法行政构成要素新探》，《法商研究》第 1 期。

[48] 中共中央，2013：《关于全面深化改革若干重大问题的决定》。

[49] 中央巡视组，2015：《铁路总公司权力寻租问题较为严重》。

网络型产业混合垄断势力根源与传递路径

——以铁路和高铁为例

林晓言*

(北京交通大学经济管理学院)

[内容提要] 网络型产业的重要技术经济特征,是其拥有沉没成本巨大且专用性很强的联合专用资产。既有研究认为,为避免套牢和高昂交易成本,网络型产业多选择纵向一体化组织,这是其垄断根源,因此提出横切竖切等多套产业重组方案以期打破垄断。本文认为,一体化不等于垄断,分拆也绝不等于竞争。中国网络型产业的垄断是一种混合垄断,既有伴随监管缺失的特许权而生的公权力垄断,即行政垄断,也有因非市场的行政垄断传递产生的市场垄断,即经济垄断。以中国国家铁路为例。国铁因

---

* 林晓言,教授,博士生导师,电子信箱:xylin@bjtu.edu.cn。本文受到国家社科基金重大项目(17ZDA084)"中国高铁经济理论解析框架及演化路径研究"资助。

路网建设与营运一体和路网营运与运输服务一体等纵向一体化并存，国铁企业主体在路网建设中承担了中央的事权和支出责任，同时也行使了中央在国铁发展中的一切权力/权利，即公权力，这是铁路行政垄断产生的根源。并依托央地关系路径一次传递到对地方政府国铁建设事权和支出责任的支配，依托买方势力路径再次纵向传递到铁路产业链各环节市场，依托卖方势力路径三次横向传递到并存多种运输方式的客货运输市场，从而形成巨大市场支配力。因此，打破网络型产业垄断的思路，不是拆分与否，而是如何根除巨大沉没成本导致的垄断土壤以阻隔垄断势力的传递，以及如何解决特许权中的监管问题。

[关键词] 网络型产业；巨大沉没成本；联合专用资产；交易成本；市场间三次传递

一、问题的提出

铁路是比较典型的网络型产业，因其拥有巨大的沉没成本所以在传统上一直被认为是自然垄断行业，并被纳入我国五类垄断行业之首（戚聿东，张任之，2019），以至于人们逐渐习惯于铁路领域存在的大量垄断现象。近些年来，铁路在货运市场的份额持续下降，2018年的全国货运总额514.60亿吨，其中公路承担395.97亿吨占76.95%，而铁路承担40.28亿吨仅占7.83%，1985年这个数字是17.53%。2018年全国货运周转总量205452

亿吨公里，其中水运达到99304亿吨公里占比接近一半，公路完成71203亿吨公里占34.66%，而铁路仅完成28763亿吨公里占14.03%，1985年这个数字是44.25%[①]。针对此现象，有学者撰文认为是铁路市场支配力即垄断势力减弱的表现。但各种迹象表明铁路管理体制内部的垄断势力一直在增强，那么，铁路货运市场上的份额下降是否恰恰是其因垄断导致管理体制不适应市场需求所导致的企业竞争力减弱的表现呢？

既有研究认为，铁路货运市场份额下降源于两方面原因（Jian Zhao, Yunyi Zhao and Ying Li, 2015）：一是我国逐步放松对铁路货运的价格规制之后，铁路货运价格逐步上调，于是货主选择公路作为替代运输方式；二是我国自2008年以来在铁路领域的投资主要用于了高铁建设，普通铁路投资额度被挤占，铁路货运能力不能满足新增的运输需求，货主因此选择公路等其他运输方式。已有文献对应逐一予以分析（韩陈林，2018）。其一，为了分析铁路货运价格上涨与其市场份额下滑可能存在的关联，这里选取2008年与2015年铁路货运和公路货运平均运价水平作比较，见表1。从货运价格绝对值来看，2008年和2015年我国铁路货运价格均低于同期的公路货运价格，从货运价格增长幅度来看，2008—2015年我国铁路货运价格增幅为61.39%，同期公路货运价格增幅为82.51%，2015—2018年我国铁路货运价格增幅

---

① 数据来源：《2018年中国统计年鉴》《2018年国民经济和社会发展统计公报》。

为11.86%，同期公路货运价格变化幅度为-2.15%；2008—2018年我国铁路与公路货运价格增幅相当，因此，铁路货运价格上涨并不足以解释其市场份额的下滑。但是，细致观察2016—2018年公路运价趋势，可以发现公路运价的波动较为频繁，可以说明其适应市场变化的灵活性要高于铁路①（见图1）。

表1　　　　　　　　铁路与公路货运平均价格水平

运输方式	2008年运价（分/吨公里）	2015年运价（分/吨公里）	2018年运价（分/吨公里）	增幅
铁路货运	9.61	15.51	17.35	80.54%
公路货运	25.43	46.41	46.40	82.46%

数据来源：《国家发展改革委关于深化铁路货运价格市场化改革等有关问题的通知》、国家发改委《2016年公路价格运行情况及2017年价格走势预测》，中国物流与采购联合会。

其二分析铁路和公路货运投入要素情况，见表2。可以发现两种货运方式的营运线路里程年均增长率大致相同，但是公路货车总吨位增长率远高于铁路数值，公路货车总吨位年均增长率为13.48%，而铁路货车总吨位的年均增长率仅为3.49%。由此说明，铁路货运市场份额下滑，确实与铁路投入不足导致的运输能

---

① 公路有货运价格指数实时监控，遗憾的是铁路没有类似的价格指数监测，铁路货运价格主要参照发改委制定的价格标准执行。具体讲，铁路是按照价格标准（发到基价+运行基价）根据运输货种、重量、距离进行调整；但是公路会根据天气、油价变化、运输难度、市场需求，基本实现市场化调节。

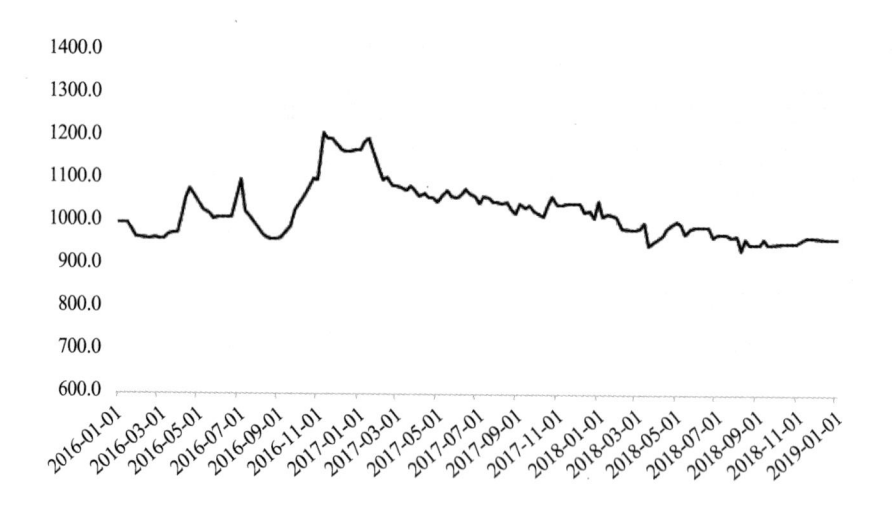

图 1　2016—2018 年中国公路物流运价指数走势图

资料来源：中国物流和采购联合会。

力有关，但是，这里需要明确的是，铁路线路等固定基础设施的投入增速为年均 2.56%，与公路通车里程增速 2.86% 大致相当，因此，铁路货运能力不足的主要原因不是由于普通铁路线路投入不足，而是铁路货车等移动装备投入严重不足。再加上自 2012 年至今，由于我国经济结构调整和供给侧改革，煤炭、水泥、钢材等传统大宗货物的运输量下滑，而这些恰恰是铁路货运的主要市场，同时由于铁路货车采购的计划色彩导致铁路货车类型更新迟缓，从而不能满足新增运输需求的特点，而公路则在此阶段大幅增加运输车辆投入，包括车型更新，货运代理制度创新等，货主因此选择公路等其他运输方式。因此，在技术进步飞速发展的背景下企业竞争力下降的主要解释就是制度因素，即因垄断导致铁路企业缺乏竞争活力难以适应市场需求变化是铁路不能在货运中发挥骨干作用的恰当解释。

铁路货车结构不能适应货运市场需求变化，价格在放开之后未能及时根据市场供求灵活波动调整，只是一味逐渐上调等，这些因素导致铁路货运骨干作用丧失，迫使货主被动选择公路等高污染高事故交通方式，从而带来巨大的社会成本和资源浪费，这是铁路垄断势力依然强大的一方面表现。除此之外，从构建政企不分的国铁到合资必须控股，到强化统一调度指挥，到强推委托运输、委托经营、委托代建，再到以确保安全名义要求技术标准的独家认定、项目验收、行驶线路接轨、车流过轨的否决权排斥其他铁路运输经营者、以企改为名对保留的行政性事务加收费用……这一系列行为中的很多都不利于铁路行业的市场化（荣朝和，2019）。再考虑到铁路系统财务信息严重不对称，常年以内部财务清算取代市场激励，现代企业制度试点改革过程中的内部关联交易、利益转移、损害外部投资人权益等已成常态，这些都在严重破坏市场秩序，扭曲资源配置。而关于铁路改革的学术研究成果，基本上还停留在本世纪初的阶段，即将重点放在"网运分离"和拆分一体化公司形成多个区域公司引入标尺竞争的产业组织改革模式（赵坚，2016）。为了避免在快速技术进步和大规模投资拉动下铁路等网络型产业发生"后发优势"到"后发劣势"的逆转，有必要在推进发展的同时继续深化管理体制改革。

表2　　2006—2018年铁路与公路货运投入要素情况

年份	铁路 总吨位（万吨）①	铁路 里程（万公里）②	公路 总吨位（万吨）	公路 里程（万公里）
2006	3422.1	7.66	2822.69	345.70
2007	3526.3	7.75	3135.69	358.37
2008	3644.9	7.90	3686.20	373.02
2009	3729.7	8.28	4655.23	386.08
2010	3934.3	8.61	5999.82	400.82
2011	4102.6	8.66	7261.20	410.64
2012	4251.9	8.83	8062.14	423.75
2013	4617.9	9.21	9613.91	435.62
2014	4560.9	9.53	10292.47	446.39
2015	4619.8	10.12	10366.50	457.73
2016	4932.9	10.12	10826.78	469.63
2017	5216.3	10.12	11774.81	477.35
2018	*	**	12872.97	484.65
年均增长率	3.91%	2.56%	13.48%	2.86%

资料来源：《2013—2018年交通运输行业发展统计公报》；《2006—2012年公路水路交通运输行业发展统计公报》；《中国统计年鉴（2007—2018）》。

备注：＊和＊＊2018年铁路投入要素的统计数据需从《中国统计年鉴（2019）》中获得，目前尚未发布。

① 由于统计列示明细项目发生变化，2015年之后国家铁路货车总标记载重量不进入统计年鉴，因此使用"平均每辆车标记载重量×货车车辆数"作为2016年铁路投入要素进行列示。

② 铁路里程不包含高速铁路和客运专线里程。

本文剩余部分结构安排为：第二部分是理论框架，基于网络型产业的技术经济特征，探索借助巨大沉没成本和联合专用性资产等思想提升交易成本理论对网络型产业自然垄断的解释力，为分析其以行政垄断为根源的混合垄断的垄断实质做准备；第三部分修正交易成本理论在中国铁路产业的解释力，分析中国铁路的垄断属性及其根源，探讨中国铁路发展中政府事权与支出责任划分（荣朝和，2019）和落实在铁路混合垄断中的根源性作用；第四部分网络型产业垄断势力的传递路径，基于央地关系、买方势力、卖方势力等理论建立铁路垄断势力三次传递的路径框架；最后是结论。

二、理论框架

网络型产业经常被统称为垄断行业，比较典型的代表是电力、电信、民航、铁路等。基于产业组织和产业经济学的视角可以对网络型产业有更精准的解释：根据国际学科目录分类中 L——Industry Organization（即产业组织，IO）L9——Transportation and Utilities 的下级子目录的解释，可以认为英文的 transportation 不仅是中文中关于"交通运输"全部内涵的对应英文词汇，而且鉴于其所涵盖的产业包括：L92——Railroads and Other Surface Transportation（道路和其他地面交通运输产业）、L93——Air Transportation（航空交通运输产业）、L94——Electric utilities（电力产业)、L95——Gas Utilities；Pipelines；Water Utilities（燃气产业、管道产业、水务产业）、L96——Telecommunications（电信产业)，有理由认为通常所界定的网络性产业、自然垄断产业、基础设施行业等，就是 transportation 的内涵与外延。其所涵盖的产业包括铁路和其他地面交通运输产业、航空交通运输产业、电力产业、燃气管道水务产业、电信产业等。

（一）网络型产业的技术经济特征

这些产业主要的技术经济特征，一是巨大的沉没成本；二是很强专用性和互补性的联合专用资产；三是各环节属性不同。

1. 巨大沉没成本

无论是电网、民航机场还是铁路，其基础设施建设费都是一个巨大的数字，高铁更是如此。世界银行文件显示，中国设计和建设时速 350 公里的高铁线路的加权平均成本为 1.39 亿元/公里，时速 250 公里的项目为 1.14 亿元/公里。[①]

2. 很强专用性和互补性的联合专用资产

根据埃克诺米迪斯（Nicholas Economides，1996）对网络的定义，网络是由互补的节点链接成的，孤立的节点或链不能形成网络，因此网络的最大特点为节点和链的互补性。因此，网络型产业即由互补性资产衍生出协同价值。对于此类网络型产业的互

---

① 世界银行 2019 年报告《中国的高速铁路发展》。

补性资产，在不牺牲其生产价值的条件下，可用于不同用途和由不同使用者利用的程度较低，因此这类资产同样具有很强的专用性。在实际的应用中，电力、铁路系统均有很强专用性和互补性的联合专用资产（Williamson and Oliver，1985）。

电力系统的发电、输电、配电、售电各环节之间，以及电网与适配电流之间，都是具有很强专用性和互补性的联合专用资产。铁路系统的路网基础设施建设、运输装备制造、路网基础设施营运、客运、货运等各环节之间，都是具有很强专用性和互补性的联合专用资产。以上两个性质之间是相互正相关的关系。沉没成本越大，联合专用资产的专用性和互补性越强；同样，联合专用资产的专用性和互补性越强，成本就越沉没，沉没成本就越大。

在所有的网络型产业中，又以铁路的最为复杂。以网络基础设施供给与网络基础设施使用二者的关系看，电网中的电流、通信光纤网络中的光波、燃气管道中的燃气，都不需要人去移动，而铁路网上的货物、旅客的每公里位移都要人来完成，需要网运各工种之间的紧密协作（赵坚，2016）。正是因为如此，使得铁路改革重组成为世界级难题。我国更是如此。

3. 网络型产业的不同环节具有不同的技术经济特征

根据产业经济学观点，网络型产业具有典型的"同产业多市场"特征。换句话说，其是由多个产业链组成的一体化产业组织。例如，在电力产业，包括发电—供电—输电—配电四个环节，输配电环节属于网络型业务，而发电和供电环节都属于非网络型业务，是可竞争业务。在铁路产业，包括路网和移动装备建设建造—路网运营—行车组织—运输服务四个环节，严格讲，除了路网运营是网络型业务，其他都是非网络型业务，即可竞争业务。

因此，同一个网络型产业可以适用不同的产业政策，也适用于不同的竞争政策，这是由网络型产业的技术经济特征决定的，同时也给综合政策的制定准备了条件并提出了难题（钱学锋、张洁、毛海涛，2019）。所以，关于网络型产业自然垄断属性的界定基本上可以将其限定在网络型业务的各个环节。这也决定了网络型产业引入竞争的改革难点和焦点在于网络型业务。

（二）交易成本理论、纵向一体化与网络型产业的自然垄断

在经济学发展脉络中，以斯密的分工理论和科斯的交易成本理论为代表，前者是可以很好地解释专业化经济的理论基础，而后者则几乎是同样经典地解释了一体化经济的理论基础。见图1（a）。由于一体化经济本质上具有反竞争内涵，本文在图2（a）基础上，将其组织成本曲线同时解释为垄断势力曲线，从而形成了垄断的交易成本理论解释框架，见图2（b）。

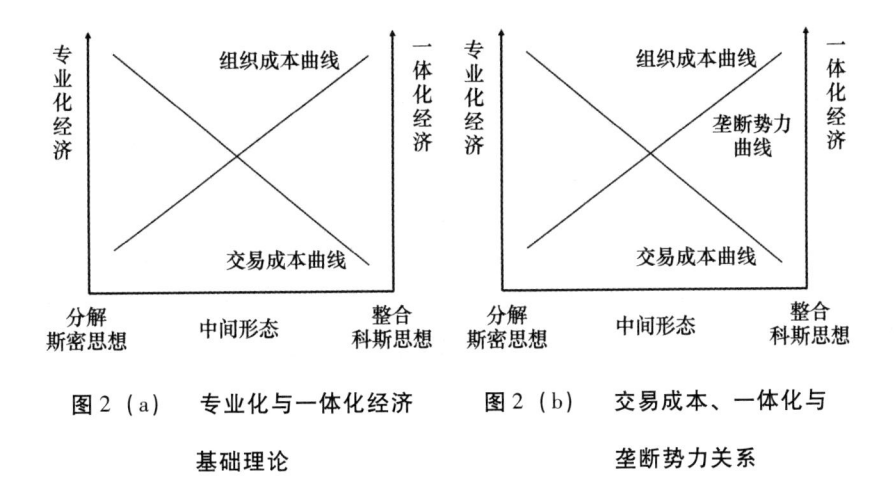

图2（a） 专业化与一体化经济基础理论

图2（b） 交易成本、一体化与垄断势力关系

资料来源：（a）转引于立2018年学术报告用图；（b）本文作者在图（a）基础上修改成图。

（三）巨大沉没成本与交易成本理论的修正

既有研究认为，为降低或摊薄高昂交易成本，网络型产业多选择纵向一体化组织形态，而一体化天然具备的反竞争倾向形成其垄断根源。这是科斯交易成本理论被用于垄断性产业垄断的解释。威廉姆森认为，交易成本理论的落地需要能够进一步解释清楚为什么会有交易成本，因此，他提出了资产专用性和机会主义行为是交易成本产生的根源，克莱因则又进一步认为，资产专用性容易产生套牢问题从而形成高昂交易成本。这是威廉姆森和克莱因对于科斯交易成本理论的发展。

关于交易成本理论解释力存在的不足，德姆塞茨早在1988年就明确指出：对生产成本的忽略导致交易成本经济学在企业边界决定问题上的混乱,而这种混乱来自其对知识的基本假定。他认为,"即便企业自己组织生产的管理成本为零,如果其他企业的生产成本足够低,该企业也应当选择通过市场获得投入,而不是自己组织生产。交易成本经济学文献中存在的混乱来自一个隐含的假定,我们仍然受到完全竞争模型假定的引导,即信息是完全的和无成本的。尽管用于交易和管理的信息被认为是有成本的,但用于生产目的的信息仍被隐含地认为是无成本的。一个企业可以生产的,另外的企业可以同样好地生产出来,这样生产—购买决策就不取决于生产成本的不同。唯一的选择标准就是比较交易成本和企业的管理成本"(赵坚,2004)。之后还有其他学者尝试做出新的贡献,例如迈克尔·迪屈奇认为,交易成本理论在解释公司行为的动态方面显得完全无能为力,他提出了扩大该理论并提高其解释能力的途径(迪屈奇,1999)。

本文认为,交易成本理论在网络型产业领域解释力的提升,应将注意力放在巨大沉没成本与资产专用性的关联上。对于那些没有巨大沉没成本的行业,在费用效益可行的前提下,完全可以通过增加进入者而降低甚至消除资产专用性程度,从而降低交易成本并促使一体化经济的解体,进而消除垄断根源。但正是因为网络型产业具有巨大沉没成本,通过增加进入者消除垄断往往得不偿失,例如国铁路网的垄断能够通过多建平行线甚至增加另几张平行路网予以消除?技术上是可以的,但是,经济上完全不可行。由此,本文认为,无论是科斯的交易成本还是威廉姆森的资产专用性抑或是克莱因的套牢，都只适合于放置于拥有巨大沉没成本的行业和领域，见图3。

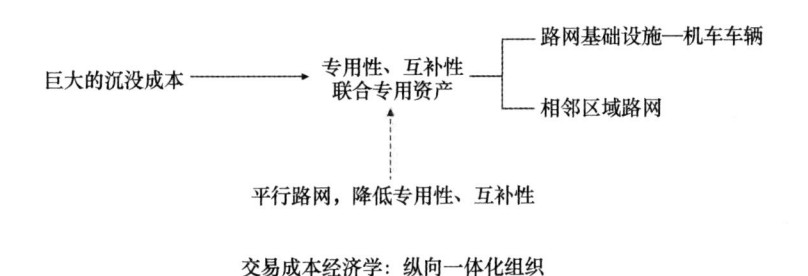

```
巨大的沉没成本 ──→ 专用性、互补性    ┌── 路网基础设施—机车车辆
                    联合专用资产      └── 相邻区域路网
                         ↑
                   平行路网，降低专用性、互补性

                交易成本经济学：纵向一体化组织
```

图 3　巨大沉没成本与修正交易成本理论

资料来源：作者绘制。

如图3所示，这是以铁路产业为例，进一步解释资产专用性、交易成本与反竞争和一体化经济之间的关系。本文解释为，因为该行业存在巨大沉没成本，加强了行业内联合专用资产的专用性的互补性；反过来，又由于行业内存在专用性互补性很强的联合专用资产，又更加强化了巨大沉没成本的"沉没"属性。即，在网络型产业领域，巨大沉没成本与联合专用资产专用性互补性存在相互强化的叠加效应，如果不采取一体化组织形式，其会形成巨额交易成本。所以，铁路等网络型产业的垄断竞争问题研究的根源是巨大沉没成本，即网络基础设施规划建设的成本问题。

三、中国铁路垄断属性及其根源

根据本文构建的修正交易成本理论，以交易成本理论为基础对于产业垄断属性的解释，需要以该产业存在巨大沉没成本并由此导致专用性互补性很强的联合资产为约束条件。因此，铁路等网络型产业适合于运用修正后的交易成本理论解释其垄断属性。本部分即从网络型产业基础设施规划建设权责划分谈起，探讨中国铁路特别是国铁基础设施发展中政府事权与支出责任划分和落实在铁路混合垄断中的根源性作用。

从国铁基础设施规划建设权责关系的演变审视，新中国成立初期至20世纪80年代，我国国铁路网基础设施建设资金基本由国家预算内投资。1980年开始，铁路利用外国政府和世界银行贷款进行基本建设，国家预算占铁路基建总投资比例大幅下降。1986年，原铁道部实行"投入产出，以路建路"的经济承包责任制（简称大包干），除缴纳税款外，所有积累留作铁路建设资金，国家不再给铁路建设拨款，资金来源由铁道部自行解决。

铁路"大包干"结束后，为解决铁路建设资金短缺问题，经国务院批准，开始征收铁路建设基金。铁路建设基金于1991年3月1日正式开征，具体征收情况为：1991年3月1日，0.2分/吨；1992年7月1日，1分/吨；1993年7月1日，铁道部发文调整铁路建设基金征收标准为1.5分/吨；1996年4月1日，国家发展和改革委员会、铁道部发文按品类调整铁路建设基金：其中农用化肥0.5分/吨、农药1.4分/吨、其他货物2.8分/吨；1998年4月1日，铁道部发文，进一步对铁路建设基金征收标准进行调整，其中，免征农用化肥和黄磷类、农药1.9分/吨、磷矿石和棉花2.8分/吨、其他货物3.3分/吨。

2005年，铁道部发文，对整车货物和零担货物的收费标准做了更细致的规定。铁路建设基金按国铁正式营业线和实行统一运价的运营临管线的运价里程计算，计费重量：整车、零担货物按该批运费的计费重量计算，集装箱货物按箱计费。国铁的正式营业线和实行统一运价的运营临管线按"铁路建设基金费率表"规定的费率核收铁路建设基金。铁路建设基金的计算公式为：建设基金＝费率×计费重量（箱数或轴数）×运价里程。征收标准具体如表3。

之后又于2006年8月20日由国家发改委印发《关于免收出口粮食铁路建设基金的通知》，对经铁路运输的全部出口粮食（包括饲料用粮）全额免收铁路建设基金。2007年10月10日，国家发改委印发《关于粮食等农产品铁路建设基金政策有关问题的通知》，对东北地区经山海关入关铁路运输粮食收取的铁路建设基金，改为统一按每吨18元的标准核收，收取范围不变。除对经山海关入关铁路运输的粮食收取铁路建设基金外，继续对粮食、棉花、农用化肥等免收铁路建设基金。

表3　　　　　　2005年规定的铁路建设基金征收标准

		计费单位	农药	磷矿石	其他货物
整车货物		元/吨公里	0.019	0.028	0.033
零担货物		元/公里	0.00019	0.00033	
自轮运转货物		元/轴公里	0.0990		
集装箱	1吨箱	元/箱公里	0.0198		
	10吨箱	元/箱公里	0.2772		
	20英尺箱	元/箱公里	0.5280		
	40英尺箱	元/箱公里	1.1220		
	空自备箱 1吨箱	元/箱公里	0.0099		
	10吨箱	元/箱公里	0.1386		
	20英尺箱	元/箱公里	0.2640		
	40英尺箱	元/箱公里	0.5610		

注：整车化肥、黄磷免征铁路建设基金。

资料来源：中华人民共和国铁道部，铁路货物运价规则铁运［2005］46号。

由此可见，自20世纪80年代以来，我国国铁路网基础设施的规划建设职责形式上是由国家承担，而实质上是由原铁道部通过向主要的铁路货主征收铁路建设基金代行了中央政府的国铁发展事权和支出责任，这也可以看作是中央政府将国铁发展的事权和支出责任特许给了铁道部。不可避免的是，伴随中央政府将国铁发展的事权和支出责任一并特许给中国铁路，还有中央政府的公权力。这是本文认为中国铁路垄断的根源，即行政垄断。图4给出了本文思路与已有研究的区别和联系。

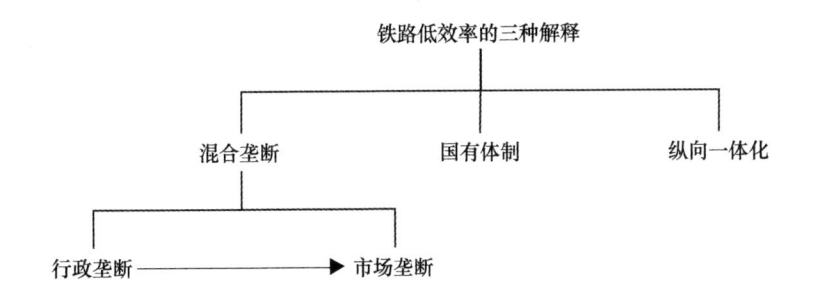

```
              铁路低效率的三种解释
        ┌──────────┼──────────┐
      混合垄断      国有体制      纵向一体化
     ┌────┴────┐
   行政垄断 ──→ 市场垄断
```

图 4　关于铁路垄断或低效率的不同解释

资料来源：作者绘制。

如图 4 所示，已有研究中关于铁路等网络型产业低效率或者垄断的原因有三种解释：一是根据交易成本理论或者自然垄断理论，认为纵向一体化的产业组织是铁路垄断或低效率的根源；二是根据产权理论，认为铁路等网络型产业企业组织的国有属性具有天然的低效率，并且属于制度性垄断，或行政垄断；三是综合一和二，认为铁路等网络型产业的垄断是混合垄断，既有行政垄断也有经济垄断或者市场垄断（荣朝和，2019）。本文同意铁路垄断是混合垄断，但不认同其仅仅是行政垄断+市场垄断，而是因巨大沉没成本形成中央政府公权力特许给铁道部导致的行政垄断及其进一步传递叠加的结果，其程度和影响远比简单相加要大得多。具体的传递路径和叠加影响随后继续分析。

四、网络型产业垄断势力三次传递路径

中国网络型产业的垄断是一种混合垄断，既有伴随监管缺失

的特许权而生的公权力垄断，即行政垄断；也有因非市场的行政垄断传递产生的市场垄断，即经济垄断。并因为三次传递相互叠加，形成中国铁路巨大市场支配力。传导路径见图5。关于网络型产业垄断势力的效应，比较有代表性的成果是山东大学于良春教授（于良春和张伟，2010）等关于垄断行业行政垄断与企业效率的关系研究。不同于已有研究，本文的目的不在于定量化垄断的效应，而将视角放置于垄断根源的寻找以及混合垄断。如果监管不力所存在的潜在隐患，从而支撑继续深化改革的观点和方案的落实。

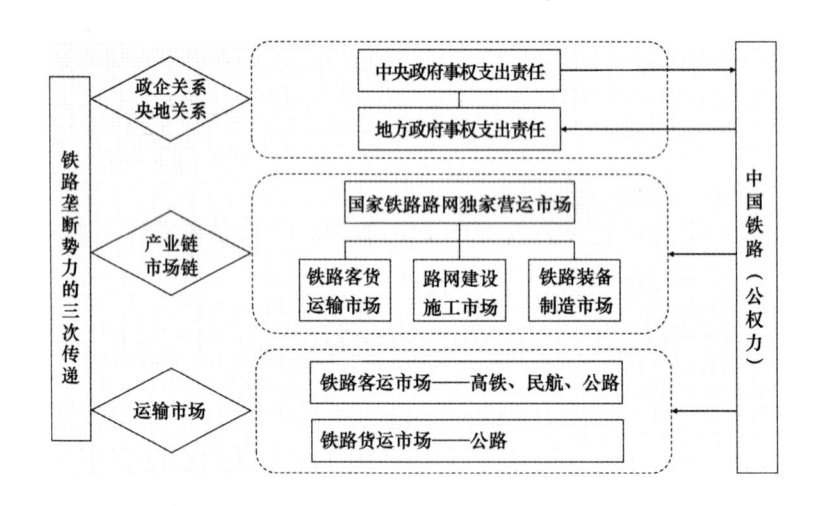

图5 中国铁路垄断势力的三次传递路径

资料来源：作者绘制。

（一）一次传递：基于央地关系

国铁路网基础设施沉没成本因由中央政府特许委托给原铁道

部，使得铁道部作为铁路行业主管部门和一个大型国有企业的双重身份进一步得以实际执掌中央政府的某些公权力，具体表现为国铁路网基础设施规划建设融资等权利。铁道部所掌控的中央层面的公权力，又因为中央政府和省市以及其他地方政府的行政隶属关系得以行政化传递，更因为中央政府和地方政府的财政分权制度，进一步表现为由铁道部负责协调国铁、地方铁路等所涉及的政府事权与支出责任。例如，荣朝和分析到，尽管从理论上讲，铁路总公司新颁布的规范性文件只对其下属系统的经营管理具有约束力，但由于铁路总公司的特殊地位，其他铁路企业在与其发生交往业务时不得不依据这些规范性文件。即使是地方铁路之间的交易，由于政府机构颁发的行业规范性文件缺失，往往也只能参照铁总的内部规范甚至电报进行办理。结果造成铁总的企业标准和规范被异化为事实上的行业标准和规范（荣朝和，2019）。

（二）二次纵向传递：基于买方势力

二次传递的根源依然在于国铁路网基础设施规划建设融资权利的完全特许，即中央政府在将国铁路网基础设施的规划建设融资等事权和支出责任完全特许给铁道部的同时，则顺理成章地进一步将国铁路网营运的权利独家特许委托给了铁道部，即国铁路网的统一调度指挥权，从而形成国铁路网运营市场的独家垄断局面。而该独家经营权始自原铁道部时期，并且在2013年铁道部政企分开以后又顺利过渡到中国铁路总公司，而成立于同时期的行业监管部门国家铁路局基本上没有监管该权利的任何权力。

到了2019年，中国铁路总公司进一步重组为中国国家铁路集团股份公司，依然独家拥有国铁路网的统一调度指挥权，并且得以法律形式的确认，国家铁路局的行业监管职责依然没有得到落实。换言之，国铁路网营运市场，即统一调度指挥权，一直以来都是独家垄断经营，而且缺乏有效的监管。这就形成了围绕国铁需求的一系列产业，包括路网规划、路网建设、装备制造、客货运输业务等铁路产业链各环节市场各类企业的营收，很大程度上取决于拥有统一调度指挥权的铁路企业[①]的资源配置，从而形成可观的买方势力。

买方势力是一种市场势力。一般的产业组织教科书将其界定为"一家厂商能够有利地将交易价格设定在边际成本之上的能力"。无疑这个定义实则针对的是卖方势力。经济学领域关于买方势力的关注始自20世纪后期，其中陈智琦（2019）认为，买方势力是指买方能够有利地将交易价格压至低于供应商正常供货价格的能力。或者，从更广泛的意义上讲，买方势力指的是买方能够获得优于供应商正常交易条款的能力。进一步说，买方势力可以分为两种：第一，如果供应商是价格接受者，即供应商之间存在完全竞争，那么该情形下的买方势力体现为买方垄断势力；第二，如果供应商具有卖方势力（卖方垄断势力），那么该情形下的买方势力体

---

① 2013年政企分开之前是铁道部，2013年为中国铁路总公司，2019年以后为中国国家铁路集团股份公司。后文均称"国铁集团"。

现为买方抗衡势力或议价势力（陈智琦，2019）。

关于买方势力的效应也可以分为两个部分，一是买方垄断势力效应，理论上讲，是指其导致一个商品的交易价格和交易数量低于完全竞争市场的水平，从而造成经济效率的无谓损失。这种损失，无论是只有一个买方的买方垄断，还是有少数买方的买方寡头，都是存在的。二是买方抗衡势力效应，该效应相对于买方垄断势力效应更为复杂，原因是其往往存在于卖方垄断势力情形，鉴于卖方垄断势力通常会损害消费者福利，则买方抗衡势力就可能具有使消费者受益的潜在效应。除此之外，买方抗衡效应还存在短期和长期之分，短期主要表现为对零售价格的影响，长期则表现为对供应商、产品质量、创新投资等方面的影响。可见，买方垄断势力一般会造成经济效率损失，而买方抗衡效应则有可能使消费者受益从而提高经济效率，因此，买方势力综合效应的估测很复杂，需要根据自身市场以及上下游市场的具体情况具体分析。

关于买方势力效应的估测目前尚未有可行的方法基础，本文以高铁产业为例，说明国铁集团买方势力效应之可能性和显著性。关于高铁产业及其关联效应的研究比较少，研究结论有：（1）高铁产业可以定义为：由利益相互联系的、具有不同分工的、由高铁工程建筑、高铁机车设备制造、高铁运输三个行业所组成的业态总称。（2）高铁产业与建筑材料、装备制造等产业有显著的后向关联效应。（3）高铁产业的前向关联效应对于第三产业更为明显，普通铁路产业的前向关联产业则集中于第二产业。（4）高铁产业与金融业的前向、后向关联效应均显著。其中，基于2016年《国民经济行业分类》整理，高铁产业链构成如图6（姜明宜，2019）。

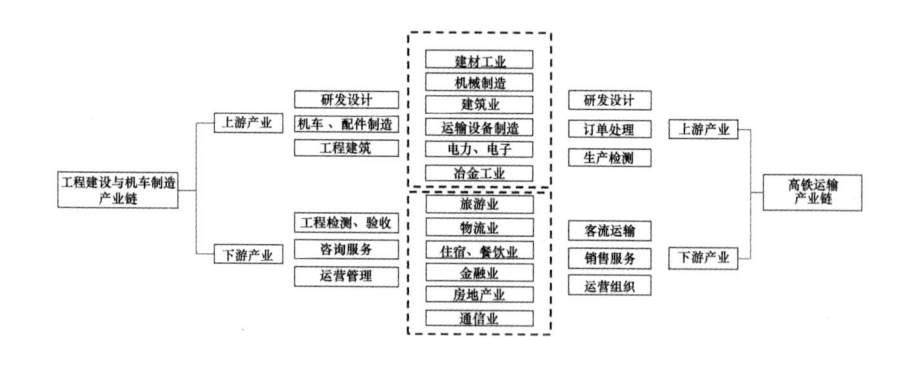

图6 高铁产业链构成

资料来源：姜明宜：《高铁产业及其关联效应研究——基于2012年投入产出表》，硕士学位论文，北京交通大学，2019年。

高铁对于上下游产业均有关联性影响，但其买方势力主要涉及上游产业。高铁工程建筑涉及高铁轨道、桥梁、隧道、路基等的建筑，会对建筑材料、钢铁、非金属矿物制品、专用机械设备产业等具有明显的拉动作用；高铁设备制造即高铁动车组制造是我国技术创新的标志，我国新一代的高铁动车组零部件达10万个以上，独立的技术系统超过260个，设计生产动车组零部件的核心企业也超过100家；围绕着高铁动车组制造，又形成了一个庞大的技术研发系统，对于运输设备制造业、机械设备制造业产生十分积极的拉动作用；并且，高铁工程建筑、高铁设备制造、高铁运输服务技术均需要进行前期的研发设计，这对科学研究和技术服务业有着较大的影响。

分析可知，与高铁产业关系最密切的前二十个部门分别是金属冶炼、压延加工品、非金属矿物制品、科学研究技术服务、电力、热力生产供应、建筑、交通运输、仓储和邮政、金融、金属制品、电气机械及器材、通信设备、计算机及电子设备、交通运输设备、电信及信息传输、通用设备、非金属矿及其他矿采品、专用设备、木材加工品、石油、炼焦产品及核燃料加工品、金属制品、机械及设备修理服务、信息传输、软件及信息技术服务、住宿和餐饮等。从直接消耗系数表中可以看出，高铁产业对于金属冶炼和压延加工品的直接消耗系数最高为15.56%，有13个部门的直接消耗系数超过1%（姜明宜，2019）。

其中，根据投入产出表各部门解释可知，金属冶炼和压延加工品部门中主要包含钢铁铸件、钢压延产品、铁合金等材料；非金属矿物制品包含水泥、石灰、石膏、砖瓦、石材等建筑材料；金属制品部门包含建筑金属配件；通用设备部门包含技术加工机械、物料搬运设备、原动设备等；非金属矿采选产品部门包含石灰石、建筑用石、黏土等。这些部门的产品都是高铁工程建筑过程中大量使用的原材料及设备。

此外，电气机械及器材、通信设备、计算机和其他电子设备、电信和其他信息传输的直接消耗系数均超过1%，这是由于高铁设备制造的核心技术牵引供电系统需要使用大量电动机、永磁电机，并需要配合信号通信系统。金融业的直接消耗系数为4.55%，占了较大的比重，说明我国高铁产业的发展越来越多地依存于金融业，高铁的工程建筑、高铁设备制造、高铁运输服务都存在着较大融资需求[①]。

（三）三次横向传递：基于卖方势力

长期以来经济学理论所谈到的市场势力通常是指（卖方）垄断势力。针对卖方垄断势力而言，其是指"一家厂商能够有利地将交易价格设定在边际成本之上的能力"，因此一般的反垄断经济研究重点关注的是对卖方垄断势力的反垄断规制，其主要目的是为了保护消费者利益。从本文第一部分可知，2008—2015年，我国铁路货运价格增幅为61.39%，并且是持续性上涨的趋势，中间并无波动，而同期公路货运价格总体增幅为82.51%，但其间多次频繁波动，价格有涨有落。放松价格管制之后铁路企业持续涨价的行为，可以在一定程度上说明货运市场存在卖方垄断势力。

货运市场铁路价格变化历程可以分为四个阶段。第一阶段为高度集中规制阶段（1949—1981年）。为了协助实现"稳定市场、稳定物价"的目标，1955年政府统一关内外的铁路运价，

---

① 高铁可能的买方垄断势力计量作者将另文探讨。

将货物运价定为1.65分/吨公里,此后政府为了降低其他行业投入品的价格,稳定和发展经济,在1961年、1962年、1967年三次下调铁路运价,货物平均运价由1955年的1.65分/吨公里下降至1967年的1.438分/吨公里。第二阶段为集中统一下的放松规制阶段(1982—2001年)。1982年打破铁路一成不变的货运价格,铁路货运价格走上了上调之路,具体方案包括浮动运价[①]、优质优价、新路新价[②];收取铁路建设基金;设立三大专业运输公司、开行"五定班列"、开展协议运输、实行大客户管理制度等。第三阶段为运价调整阶段(2002—2012年)。为促进各种运输方式合理分流,缓解铁路货物运输价格偏低带来的供求矛盾,疏导成品油价格调整对铁路运输成本的影响,并适当弥补对粮食、棉花等大宗农产品免征铁路建设基金造成的铁路建设资金缺口,保证铁路正常运营和发展,这一阶段铁路货运价格基本实现一年一调(2004年、2010年未调整),货运价格由2003年平均4.45分/吨公里提高到2012年平均11.51分/吨公里,累计上涨幅度为158.65%。根据《中华人民共和国铁路法》的相关规定,截至2013年3月10日铁路部门大部制改革之前,我国铁路客运和货运价格仍然由国家发改委和铁道部制定。第四阶段为引入市场化运价机制阶段(2013年至今)。2013年3月14日,全国人

[①] 1984年广深铁路公司成立后,国家批准其客货运价可在统一运价基础上,上下浮动50%;1996年广深铁路公司改制为股份有限公司后,国家又批准其客货运价可以在原基础上,再次上下浮动50%。

[②] 1993年开始,对郑武电气化铁路和大秦铁路实行新路新价政策。

大审议通过了《国务院机构改革和职能转变方案》，铁道部被撤并，中国铁路总公司正式成立，随后一系列政府文件的出台快速推动铁路货运价格市场化改革进程。《关于调整铁路货物运价有关问题的通知》规定国铁普通运营线以国家规定的统一运价为上限，铁路运输企业在价格上限范围内，可以根据企业自身情况和市场供求情况，自主确定运价水平。《关于包神、准池铁路货物运价有关问题的通知》和《关于调整铁路货运价格 进一步完善价格形成机制的通知》分别提出对包神铁路实行货运价格上限规制，对准池铁路实行完全市场调节价，一系列政策文件的出台，也进一步推动了铁路货运价格由政府定价向市场定价的转变。各阶段铁路货运价格变化见表6。我国铁路货运收费体系由运输基价1和基价2组成，相应的货物编号对应着一组基价1和基价2，经《关于调整铁路货运价格 进一步完善价格形成机制的通知》调整后，现行铁路货运的基准运价率见表7。

各类货物运费计算方式为：整车货物每吨运价 = 基价1 + 基价2 × 运价公里；零担货物每10千克运价 = 基价1 + 基价2 × 运价公里；集装箱货物每箱运价 = 基价1 + 基价2 × 运价公里。除了上述统一的货运价格上限外，部分货运线路实行特殊运价，特殊运价率大多在每吨公里0.16至0.2元之间，部分线路实行运价浮动（包神线）和市场调节价（准池线），以此鼓励运输企业吸引货源，提高经营效益，部分特殊运价线路见表8。

表6 我国铁路货运价格变化历程

发展阶段	时间（年）	货运价格
高度集中管制阶段	1955	统一关内外货运价，平均为1.65分/吨公里
	1961、1962、1967	三次下调运价后，由1.65分/吨公里调至1.438分/吨公里
集中统一下的放松管制阶段	1982	110公里内短途货运临时加价至1.483分/吨公里
	1983	铁路货物运价上调到1.827分/吨公里，平均提高了21%
	1985	对铁路正式营业线200公里以内的短途货物运输，加收附加费
	1991	从1991年3月1日起对货运征收建设基金费。1993年7月1日将铁路建设基金费率从0.2分/吨公里提高到3.5分/吨公里
运价调整阶段	2002	货运价提高到平均4.45分/吨公里
	2003	货运价由平均4.45分/吨公里提高到4.70分/吨公里，将新路新价均摊运费每吨公里0.11分，并入货物运营价格
	2005	货运价由平均4.81分/吨公里提高到5.31分/吨公里
	2006	货运价由平均8.61分/吨公里提高到9.05分/吨公里
	2007	货运价由平均9.05分/吨公里提高到9.25分/吨公里
	2008	货运价由平均9.25分/吨公里提高到9.61分/吨公里
	2009	货运价由平均9.61分/吨公里提高到10.31分/吨公里
	2011	货运价由平均10.31分/吨公里提高到10.51分/吨公里
	2012	货运价由平均10.51分/吨公里提高到11.51分/吨公里
引入市场化运价机制阶段	2013	货运价由平均11.51分/吨公里提高到13.01分/吨公里
	2014	货运价由平均13.01分/吨公里提高到14.51分/吨公里，散客运输、部分线路实行自主定价和浮动定价
	2015	货运价由平均14.51分/吨公里提高到15.51分/吨公里，并以此为基准价，允许上浮不超过10%，下浮不限

资料来源：转引自韩陈林（2018），原文根据国家发改委官网信息整理。

表7　　　　　　　各类货物铁路运输基准运价率

办理类别	运价号	基价1 单位	基价1 标准	基价2 单位	基价2 标准
整车	2	元/吨	9.50	元/吨公里	0.086
整车	3	元/吨	12.80	元/吨公里	0.091
整车	4	元/吨	16.30	元/吨公里	0.098
整车	5	元/吨	18.60	元/吨公里	0.103
整车	6	元/吨	26.00	元/吨公里	0.138
整车	7	—	—	元/轴公里	0.525
整车	机械冷藏车	元/吨	20.00	元/吨公里	0.140
零担	21	元/10千克	0.220	元/10千克公里	0.00111
零担	22	元/10千克	0.280	元/10千克公里	0.00155
集装箱	20英尺箱	元/箱	500.00	元/箱公里	2.025
集装箱	40英尺箱	元/箱	680.00	元/箱公里	2.754

资料来源：《关于调整铁路货运价格　进一步完善价格形成机制的通知》。

表8　　　　　　　2015年部分特殊运价线路运价率水平

线路名称	运价率（元/吨公里）
大秦线	0.135
包西线	发到0.22，通过0.17
张集线	发到0.3，通过0.25
西延线	0.165
太中银	发到0.25，通过0.18
集通线	发到、通过0.12

续表

线路名称	运价率（元/吨公里）
神朔线	0.18
朔黄线	0.12
大准线	0.15
包神线	0.20（上浮不超10%，下浮不限）
准池线	市场调节价

资料来源：转引自韩陈林（2018），原文根据国家发改委文件整理所得。

铁路货运价格持续上涨的特点同样表现在客运市场上，特别是在高铁价格完全放开之后，虽然由于民航等的竞争没有出现大幅涨价的情况，但是其也是一直处于小幅且持续上涨的状态，这同样可以说明铁路存在卖方垄断势力的可能性。

本部分以铁路为例阐述了混合垄断主导下的管理体制随着高速铁路的大发展，愈加加深了形成行政垄断根源的巨大沉没成本的资产专用性程度，因此伴随着快速技术进步所形成的短期经济增长的后发优势，有可能因为体制改革的滞后在中长期转变为后发劣势。故此，巨大投资拉动和快速技术进步驱动交通运输基础设施大发展的同时，为保持发展的可持续性，深化改革乃当务之急。

五、结论与展望

（一）结论

1. 网络型产业的重要技术经济特征，是其拥有沉没成本巨大且资产专用性很强的联合专用资产。既有研究认为，为避免套牢和高昂交易成本，网络型产业多选择纵向一体化组织，这是其垄断根源，因此提出横切竖切等多套产业重组方案以期打破垄断。本文认为，一体化不等于垄断，分拆也绝不等于竞争。中国网络型产业的垄断是一种混合垄断，既有伴随监管缺失的特许权而生的公权力垄断，即行政垄断，也有因非市场的行政垄断传递产生的市场垄断，即经济垄断。因此，打破网络型产业垄断的思路，首先不是拆分与否，而是如何根除巨大沉没成本导致的垄断土壤以阻隔垄断势力的传递，以及如何解决路网营运市场中引入竞争和监管等问题。

2. 铁路垄断根源有两个主要解释，一是中央和地方政府在大铁路发展中的事权和支出责任不清晰不匹配，政企分开后铁总的企业身份和市场主体地位法律依据缺位。铁总承担了中央在大铁路发展中的支出责任，同时也行使了中央在大铁路发展中的一切权力/权利，并传递到对地方政府事权和支出责任的支配。二是铁总因建设与运营一体和路网运营与运输服务一体等纵向一体化并存，导致巨大市场支配力，并传递到产业链各相关市场，一次传递到对地方政府国铁建设事权和支出责任的支配,再次纵向传递到铁路产业链各环节市场,三次横向传递到并存多种运输方式的客货运输市场,从而形成巨大市场支配力。

3. 铁路垄断三次传递分别依托于央地关系、买方垄断和卖方垄断的路径。国铁路网基础设施规划建设融资等部分属于中央政府事权与支出责任的权利,成为铁道部所掌控的中央层面的公权力,借助央地等行政隶属关系和财政分权关系得以行政化传递和加强;继而国铁路网营运权利被独家特许委托给铁道部,形成国铁路网运营市场的独家垄断局面,围绕国铁需求的一系列铁路产业链各环节市场各类企业的营收,很大程度上取决于拥有统一调度指挥权的铁路企业的资源配置,完成了依托买方势力的垄断传递;其后则是在铁路运输市场上借助于卖方势力的第三次垄断传递。三次传递相互叠加形成国铁综合垄断势力。

(二)展望

1. 铁路发展事权和支出责任政府缺位现象有望得到部分解决。2019年5月5日,我国关于政府投资管理的第一部行政法规《政府投资条例》(以下简称《条例》)正式公布,该《条例》已于2019年7月1日起正式施行。《条例》是我国关于政府投资管理的第一部行政法规,也是投资建设领域的一项基本法规制度,标志着全面规范政府投资管理迈出了具有重要意义的一步。文件规定,"政府投资资金应当投向市场不能有效配置资源的社会公益服务、公共基础设施、农业农村、生态环境保护、重大科技进步、社会管理、国家安全等公共领域的项目,以非经营性项目为主"。"安排政府投资资金,应当符合推进中央与地方财政事权和支出责任划分改革的有关要求,并平等对待各类投资主体,不得设置歧视性条件"。按照2019年6月底交通领域事权改革方案,国家铁路集团主要负责干线通道的建设,区域性的铁路已逐步和地方完成置换,新的区域性线路由地方出资。政府缺位有望得到解决。

2. 无论如何改革铁路都应加强监管,特别是路网营运特许权应引入竞争并加强监管。失去监管的特许权就会产生滥用公权力的行政垄断,应制定针对路网营运特许权的监管条例并强化落实,《竞争政策指导意见》《反垄断法》等当及时跟进,特别是针对铁路路网运营市场等容易出现经营者集中领域的垄断问题,更应重视其危害传递效应和执法难度与困境(贾俊雪,孙传辉,2019;白让让,2019)。需要关注的是,高铁+铁路各行业对于各传统铁路行业,类似于互联网+各行业对于各传统行业,是技术进步倒逼各传统行业引入竞争,是竞争政策取代产业政策的内生因素。对于高铁和互联网介入领域应放松管制,发挥市场机制基础作用,实现各传统行业市场结构优化。因此,放松高铁票价规制是正确的,可以充分发挥可竞争市场上竞争政策的基础性作用。需要避免的是,铁路依托其或者滥用其既有纵向一体化导致的市场支配力，传递到高铁市场，涨价——损害消费者利益，降价——排挤竞争对手，导致进一步增强铁路的市场支配力。这是放松高铁价格管制之后政府需要高度关注的，即放松管制之后的管制或监管。

参考文献

[1] 白让让，2019：《我国经营者集中的反垄断审查与执法者的"行为性救济"偏好分析——兼论专利密集领域的执法困境》，《经济研究》第 2 期。

[2] 陈智琦，2019：《经济学理论与买方势力的反垄断分析》，《反垄断研究》第 1 期。

[3] 韩陈林，2018：《放松价格规制对我国铁路货运效率的影响》，北京交通大学。

[4] 姜明宜，2019：《高铁产业及其关联效应研究——基于 2012 年投入产出表》，北京交通大学。

[5] 贾俊雪、孙传辉，2019：《公平与效率权衡：垄断、居民收入分配与最优财政货币政策》，《管理世界》第 3 期。

[6] 迈克尔、迪屈奇，1999：《交易成本经济学—关于公司的新的经济意义》，经济科学出版社。

[7] 钱学锋、张洁、毛海涛，2019：《垂直结构、资源误置与产业政策》，《经济研究》第 2 期。

［8］戚聿东、张任之，2019：《新时代国有企业改革如何再出发？——基于整体设计与路径协调的视角》，《管理世界》第3期。

［9］荣朝和，2019：《关于铁路行业性行政垄断若干问题的思考》，《反垄断研究》第2期。

［10］荣朝和，2019：《铁路可持续发展必须明确事权与支出责任》，《北京交通大学学报（社会科学版）》第3期。

［11］于良春、张伟，2010：《中国行业性行政垄断的强度与效率损失研究》，《经济研究》第3期。

［12］赵坚，2004：《企业能力理论、假定与模型》，《北京交通大学学报（社会科学版）》第4期。

［13］赵坚，2016：《中国铁路改革重组与高铁问题研究》，中国经济出版社。

［14］Jian Zhao, Yunyi Zhao, & Ying Li. (2015). The Variation in the Value of Travel–time Savings and the Dilemma of High–speed Rail in China. *Transportation Research Part A*, 82, 130–140.

［15］Nicholas Economides. (1996). The Economics of Networks. *International Journal of Industrial Organization*, 14（2），673–699.

［16］Williamson, & Oliver E. (1985). *The Economic Institute of Capitalism*, New York: Free Press.

中国铁路工程招投标中的排除限制竞争问题与竞争政策

于 左 陈听月[*]

（东北财经大学产业组织与企业组织研究中心）

[内容提要] 中国铁路工程招投标制度存在招标评标规则不合理问题，易抬高投标报价；招标文件以铁路相关资质、营业额等为准入门槛，给投标人预留编制投标文件时间过短等问题，排除、限制了投标企业参与市场竞争；部分投标企业涉嫌合谋投标。以上抬高了中国铁路建设成本。建议国家相关机构进一步完善招投标制度；加强对财政出资项目招投标行为的监管；进一步完善公平竞争审查制度并加强公平竞争审查；加强招投标领域反垄断执法。

---

[*] 于左，东北财经大学产业组织与企业组织研究中心研究员，博士生导师；陈听月，东北财经大学产业组织与企业组织研究中心硕士研究生。本文是教育部人文社科重点研究基地重大项目"竞争政策对高铁产业的适用性与难点问题"（项目负责人：于立；批准号：16JJD790005）的阶段性成果。

[**关键词**] 公平竞争审查；反垄断；招投标制度；评标规则；铁路工程

一、问题提出

中国国家铁路集团有限公司（以下简称国铁集团）2020年第3季度营收财报显示，截至2020年9月，国铁集团总负债已超过5.57万亿元，资产负债率约为67%。国铁集团负债额度巨大，资产负债率较高，这与其建设投资额度大、建设成本畸高有关。而铁路建设成本畸高在很大程度上与铁路工程项目招投标竞争不充分有关。中国铁路工程招投标领域存在哪些影响公平竞争的问题，如何防止铁路工程招投标中不公平竞争？本文尝试对此加以研究。站前工程所需资本金在铁路项目总资本金占比较大，本文主要以铁路站前工程施工招投标为例加以分析。

二、文献综述

对于招投标过程中存在的串通投标问题，周其明（2005）通过构建模型，指出陪标人数占总投标人比例越大，围标人中标概率越高；工程利润越大的项目，合谋可能性越高；惩罚力度越大且越可信，投标人合谋的可能性越小。卡洛和玛丽（Carlo and Marie, 2018）通过分析投标人行为的相似性，指出企业通过确定稳定的共同投标人来维护市场竞争的假象，使其在市场中保持支配地位。乔柱等（2020）通过构造拟合函数，发现部分企业长期在铁路工程投标过程中，呈现一种稳定的社团结构，也就是"抱团"行为，因此这些投标企业有很大的串围标嫌疑。

针对铁路建设工程的招投标评标规则问题，赫永峰（2007）分析了铁路工程项目采用的最低评标价法、合理最低投标价法以及综合评分法的优劣，并提出价值工程评标方法，将投标人的各项指标赋予不同的系数，计算不同投标人的价值系数，以每个承包商所提供的方案价值高低为依据，选择价值高的作为中标人。张新宁（2014）认为铁路工程采用的评标方法无法获得投标人的真实价格水平，他提出维克里拍卖理论与铁路工程项目招投标有机结合的评标方法，用以解决招投标过程中的信息不对称问题。王永健（2017）提出了基于价值工程的铁路建设工程招投标评标办法与基于层次分析法的模糊综合评判法的评标办法，并强调推行无底招标。

对于招投标监管问题，刘智焕（2017）利用定量分析和定性分析相结合的方法，以某一公开招标项目不同投标文件的工程量清单的报价数据为案例，运用聚类分析方法，通过对处理后的数据运用数据挖掘技术，分析其相似度和差异度，可以对串通投标行为进行判别，亦可对即将实施串标的行为给予风险预警，从而提高评标工作的科学性和公正性。刘伊生等（2019）提出借助大数据技术挖掘分析招投标交易数据的潜在价值，构建了基于大数据的电子招投标监管体系，为创新招投标监管模式提供了参考。

已有研究尚未对中国铁路工程现存招标制度存在的排除、限制竞争问题进行研究，缺少对市场主体的合谋行为进行实例/案例研究，缺少从竞争政策角度研究如何完善中国铁路工程招投标制度及加强竞争执法。本文将尝试从这些方面加以探讨。

三、中国铁路工程招投标中的排除限制问题

（一）招标评标规则设置不合理

由交通运输部制定的《铁路工程建设项目招标投标管理办法》规定："依法必须进行招标的铁路工程建设项目，招标人应当根据国务院发展改革部门会同有关行政监督部门制定的《标准施工招标资格预审文件》《标准施工招标文件》等标准文本以及铁路行业补充文本，结合招标项目具体特点和实际需要，编制资格预审文件和招标文件"。

《铁路建设项目施工招标投标实施细则（试行）》由国铁集团制定，并规定该实施细则适用于国铁集团管理的铁路基本建设项目，而我国大部分铁路建设项目都由国铁集团出资管理，因此大部分铁路工程建设招投标项目遵守该标准。

该实施细则中规定"铁路建设项目招标评标办法有综合评估法和经评审的最低投标价法，招标人应根据项目具体情况选择一种评标办法，并在招标文件中载明"。该评标办法实施以来的铁路建设项目招标大多以综合评估法为主。综合评估法评标分值由

技术标、商务标以及报价标三部分构成。

1. 报价标分值所占比重较低，技术标与商务标评审标准有较多的主观性指标

国铁集团2015年修订的《铁路建设项目施工招标投标实施细则(试行)》规定，综合评估法的评标分值中报价标的比重仅占30%，技术标和商务标的比重共占70%。技术标和商务标的评审采取打分制，对投标人的各项指标进行打分，有较多的评价指标为主观性指标，这些指标的描述多为合理、可行，如"总体施工组织针对性强、可行，施工区段划分合理"，但并未明确规定合理、可行的标准。

原铁道部2012年修订的《铁路建设项目施工招标投标实施细则》中规定，综合评估法中技术标和商务标的评审标准采用通过制，为投标报价有效的前提条件，投标人的得分主要由投标报价决定，这种规定与国铁集团2015年修订后的现行评审标准相比更有利于促进价格竞争。

2. 基准价计算方法可能会提高成本

2012年原铁道部修订的《铁路建设项目施工招标投标实施细则》规定，综合评估法下评标基准价为通过评审的全部有效报价的算术平均值减去最高价与最低价的调整价格（详见表1）。在该标准下，评标基准价取值有75%概率比所有有效报价的算术平均值低，理性的投标人会选择比行业平均价低的报价，这样投标人更容易获得高分，最终中标。这种评标规则有利于降低投标价。

表1　　2012年原铁道部综合评估法评标基准价及评分标准

条款号	条款内容	编列内容
2.2.1	分值构成（总分＝投标报价分100分＋信用评价加分）	施工组织设计：通过评审 项目管理机构：通过评审 投标报价：　　100分 其他评分/评审因素： 信用评价加　　分
2.2.2	评标基准计算公式	1. 计算评标基准 评标基准 $Z = D_{平均} - (D_{max} - D_{min}) \times T$ 其中：$D_{平均}$——通过技术、商务、报价评审的全部报价的算术平均值 D_{max}——通过技术、商务、报价评审的全部报价中的最高报价 D_{min}——通过技术、商务、报价评审的全部报价中的最低报价 T—调整系数，在开标会上从 -0.2、-0.1、0.0、0.1、0.2、0.3、0.4、0.5 中随机抽取 2. 本标段总承包风险费总额为
2.2.3	投标报价偏差率	偏差率 = | $(D_i - Z)/Z \times 100\%$ | D_i——通过技术、商务、报价评审的第 i 个投标人的报价 Z——评标基准

条款号	评审（评分）因素	评分标准		
2.2.4（3）	投标报价评分标准	投标报价偏差率	最小值	100
			次小值	95
			第三小值	93
			第四小值	91
			第五小值	89
			…	…
		说明：报价与评标基准接近的第一名为100分，次接近的为95分，之后依次递减2分；若偏差率相等，则报价低的排名在前，报价高的顺延			

资料来源：《铁路建设项目总价承包标准施工招标文件补充文本》（2012年）。

现行的《铁路建设项目施工招标投标实施细则（试行）》对综合评估法分值构成及计算做了新的规定（详见表2），与原铁道部2012年版本的计算方法相比，加入了最高投标限价因素，最高限价所占的权重为40%。这样的计算方法提高了评标基准价，投标人若报出比行业平均价低的价格，反而会增加与评标基准价的差距，获得相对较低的分值。理性的投标人会选择高于行业平均报价、接近最高投标限价的报价，增加了铁路建设成本。

表2　　2015年国铁集团（现行）综合评估法评标基准价计算

条款号	条款内容	编列内容
2.2.1	分值构成 (总分 =（A×50% + B×20% + C×30%）+ 信用评价加分）	施工组织设计（技术标）A：100分 项目管理机构（商务标）B：100分 投标报价（报价标）C：100分 信用评价加　　分 施工组织设计评审得分90分及以上的投标人才能进入汇总得分计算
2.2.2	评标基准价计算	$Z = B \times K \times 0.4 + [(D_1 + D_2 + \cdots + D_i + \cdots + D_n - D_{max} - D_{min})/(n-2)] \times 0.6$ 其中：B——招标人公布的标段最高投标限价 D_i——第 i 个投标人的有效报价 D_{max}——有效报价最高的投标人报价 D_{min}——有效报价最低的投标人报价 n——本标段有效报价投标人总数 K——调整系数，从0.98、0.985、0.99、0.995、1.0五个系数中随机抽取一个系数 当标段有效报价只有2家，如评标委员会认为投标具备竞争可继续评审时，$Z = B \times K \times 0.4 + [(D1 + D2)/2] \times 0.6$

续表

条款号	条款内容	编列内容
2.2.3	投标报价偏差率	偏差率＝（D_i－Z）/Z×100% D_i——第 i 个投标人的有效报价 Z——评标基准价

条款号	评审（评分）因素		评分标准示例	
2.2.4（3）	投标报价评分标准（100）	投标报价偏差率（例）（根据偏差率在相应分数段按内插法计算报价得分，结果保留三位小数，最后一位小数四舍五入）	≥＋2.5	0
			＋2.0	20
			＋1.5	40
			＋1.0	60
			＋0.5	80
			0	100
			－0.3	100
			－1.3	90
			－2.3	80
			－3.3	70
			－4.3	60
			－5.3	50
			－6.3	40
			－7.3	30
			－8.3	20
			－9.3	10
			≤－10.3	0
		不平衡报价	存在不平衡报价的	最多扣 15 分

资料来源：《铁路建设项目总价承包标准施工招标文件补充文本》（2015 年）。

例如，假设某铁路站前工程施工项目某标段最高投标限价为 20 亿元，共有 9 位有效报价投标人，调整系数 K 为 0.985，各投标人报价及其得分见表3。其中评标基准价Z为188000万元，全部评标报价的算术平均值约为181556万元。可见，现行的计算方法提高了评标基准价，理性的投标人会选择高于行业平均报价、接近最高投标限价的报价，增加了铁路建设成本。

表3　　　　　　　　有效报价投标人报价标得分

有效报价投标人	投标报价（万元）	偏差率	投标报价评分（满分100分）
企业1	190000	1.064	57.44
企业2	186000	－1.064	92.36
企业3	185000	－1.596	87.04
企业4	184000	－2.128	81.72
企业5	183000	－2.660	76.40
企业6	181000	－3.723	65.77
企业7	179000	－4.787	55.13
企业8	176000	－6.383	39.17
企业9	170000	－9.575	7.25

数据来源：作者计算。

在现行的综合评估法下，若投标人施工技术相差不大而投标报价相差较大，投标报价越低的企业反而得分越低，投标报价较高的企业更容易得高分（详见表4），因此投标人可能倾向选择接近最高投标限价的报价，结果可能导致各投标人报价相差较小，报价标得分的差距很小，投标人得分主要看技术标和商务标的得分，投标人成功与否很大程度上取决于评标专家的主观判断。

表4　　　　　　　　报价较高的投标人中标

项目名称	第一名中标候选人（即中标人）及其投标报价（万元）	第二名中标候选人及其投标报价（万元）	第三名中标候选人及其投标报价（万元）	第一名中标候选人与第二名报价差额（万元）
新建和田至若羌铁路（不含先期开工段站前工程）施工招标（PJS1标）	135783 中铁十一局集团有限公司	132650 中铁十四局集团第五工程有限公司及中铁十四局集团有限公司联合体	132650 中铁二十一局集团有限公司	3133
新建和田至若羌铁路（不含先期开工段站前工程）施工招标（PJS2标）	141360 中铁十四局集团第五工程有限公司及中铁十四局集团有限公司联合体	137947 中铁十一局集团有限公司	137950 中铁十八局集团有限公司	3413

数据来源：根据某工程建设交易信息网数据整理。

现行评标法增加了投标人的合谋或协同的动机和可能性。特别是在多数投标人具有股权关系或其他关联纽带，投标人很有可能联手操纵投标报价，从而实现操纵中标结果的目的。而在2012年的评标规则下，评标基准价的确定随机性更大，投标人合谋的可操作性较小。

现行的综合评估法使投标人降低成本的动机减弱，易导致各投标人报价差距小，同时增加了投标人合谋的可能性，会抬高铁路施工项目的成本。

（二）设置不合理的市场准入门槛

1. 以相关资质为准入门槛

铁路站前工程施工招标公告中常以"具有相关资质"作为投标人准入门槛。例如，新建龙岩至龙川铁路龙岩至武平段站前工程施工总价承包招标公告（2019年）（招标编号：CRDT0SG201900300）LLZQ~1标段要求"投标人必须具备铁路工程施工总承包特级资质，且具备铁路铺轨架梁工程专业承包一级资质的资质"。通过查询全国建筑市场监管服务平台数据，2019年拥有铁路工程施工总承包特级资质的企业仅37家，且全部为中国中铁和中国铁建旗下的公司。

铁路工程施工总承包特级资质标准为：企业注册资本金3亿元以上；企业净资产3.6亿元以上；企业近3年年平均工程结算收入15亿元以上；企业其他条件均达到一级资质标准。铁路工程施工总承包特级资质与一级资质的区别仅在于企业的规模，招标公告设置这样的规定将注册资本、净资产或营业收入较少的企业和一些非铁路专业的施工企业排除在外，使其无法参与市场竞争。

非铁路专业的施工企业若想参与某铁路工程项目，一般需要与铁路行业内的企业组成联合体。如佛莞城际轨道交通广州南站至望洪站段站前工程施工总价承包招标公告（2014年）接受联合体投标的标段要求"联合体牵头人必须具有铁路施工总承包特级资质"。

现大多数招标公告要求"申请人必须具备铁路、公路、港口与航道、水利水电、矿山、市政公用工程施工总承包特级资质之一"。表面上看针对特定企业的指向性不明显，但因仍有铁路相关业绩、资质等要求，实际上仍将一部分有能力承担该项目，但之前尚未承担过或独立承担过类似项目的企业排除在外。

2. 以投标人营业额为准入门槛

铁路站前工程施工招标要求投标人营业额达到一定的数额。例如，新建太原至焦作铁路山西段站前工程施工总价承包招标资格预审公告（2016年）（招标编号：TOSG201601200）中要求投标人"财务状况良好，财产未被接管或冻结，在近三年（2013—2015年）平均营业额不少于100亿；申请人用于申请合同的营运资金不少于3亿。"

一些营业额达不到限定门槛但具有铁路综合工程施工能力的企业，仍然无法参与市场竞争。如新建徐州至淮安至盐城铁路站前工程施工总价承包招标资格预审 XYZQ~II标，公布了未通过资格审查的企业，其中，中国水利水电第七工程局有限公司未通过审查的原因为实际营业额达不到资格预审文件的要求。根据中国水利水电第七工程局有限公司公布的信息,该公司曾负责过新建贵阳至广州铁路站前工程（GGTJ～12 标段）等类似的铁路站前工程施工项目,因此其具备铁路站前工程施工的技术和能力。

在铁路站前工程施工招标中不合理的设置资质、营业额等要求,排除、限制了市场竞争。

（三）招投标期限设置不合理

在铁路站前工程施工招标公告中,从资格预审文件的获取日期到递交截止日期长短不相同,短则 10 天,长则 25 天。根据《中华人民共和国招标投标法》以及《铁路建设项目施工招标投标实施细则（试行）》的规定"招标人确定投标文件提交截止时间时,应充分考虑投标人编制投标文件所需要的时间,自招标文件开始发出之日起至投标人提交投标文件截止之日止,最短不得少于 20 日。"据不完全统计,在 27 个现有的招标公告中,有 15 个招标公告中给投标人预留的编制投标文件的期限都过短（见表 5）,不符合相关法律法规的要求。

铁路站前工程施工投标文件内容要求较多,编制投标文件需要有充足的时间,招标文件设置的编制期限过短,使得一些企业因预期到无法按时递交投标文件而不参与市场竞争。

表 5　　　　投标文件编制期限设置不合规的招标公告

项目名称	资格预审文件获取起止日期	递交资格预审申请文件的截止时间	投标人编制投标文件最长可用时间
新建太原至焦作铁路山西段站前工程施工总价承包招标项目	2016~08~22 09：30 至 2016~08~27 09：30	2016~09~01 11：00	10 天
新建重庆至黔江铁路站前工程施工总价承包招标项目	2019~11~22 08：30 至 2019~11~27 08：30	2019~12~03 10：00	11 天
新建牡丹江至佳木斯铁路站前工程施工总价承包招标项目	2017~07~29 09：00 至 2017~08~03 16：00	2017~08~09 11：00	11 天
新建郑州至济南铁路郑州至濮阳段站前（含部分站后）工程施工总价承包招标项目	2017~04~10 09：00 至 2017~04~14 17：00	2017~04~20 10：00	10 天
新建通辽至京沈高铁新民北站铁路站前工程施工总价承包招标项目	2016~04~09 09：00 至 2016~04~13 16：00	2016~04~21 11：30	12 天
新建石衡沧港城际铁路衡黄段工程站前施工总价承包招标项目	2020~01~03 09：00 至 2020~01~07 17：00	2020~01~16 10：00	13 天
新建和田至若羌铁路（不含先期开工段站前工程）施工招标项目	2019~03~09 10：00 至 2019~03~13 18：00	2019~03~21 11：00	12 天

数据来源：根据某工程建设交易信息网数据整理。

（四）投标企业涉嫌合谋投标

从现实看，在很多铁路工程建设项目中，中标候选人之间的投标报价相差很小。在市场竞争中,各个投标人本应充分进行价格竞争,不同投标人报价应有较大差距。但实际上,在我国投标报价超过 10 亿甚至高达 80 多亿元的铁路站前工程施工项目中,竞争者之间报价差距仅为 1 万元左右或不超过 1 万元,有的甚至仅有几千元的差价(见表 6)。这如果不是投标人串通投标、合谋报价,似乎很难解释。

很多项目中标候选人皆为同一集团子公司,如新建茂名东站至博贺港区铁路站前工程施工总价承包项目,三名中标候选人都属于中国铁建的子公司;又如新建汕头至汕尾铁路站前工程(SSZQ~2),三名中标候选人都为中国中铁的子公司。从理论上说,同一集团下的子公司属于单一经济体,其很容易实现协调报价。

表 6　2019 年部分铁路站前工程施工中标候选人的投标报价

项目名称	中标候选人第一名及其投标报价(万元)	中标候选人第二名及其投标报价(万元)	中标候选人第三名及其投标报价(万元)	中标候选人第一名与第二名报价差额(元)
新建茂名东站至博贺港区铁路站前工程施工总价承包	141292 中铁二十四局集团有限公司	141291 中铁二十五局集团有限公司	141292 中铁二十局集团有限公司及中铁二十局集团第四工程有限公司联合体	7521

续表

项目名称	中标候选人第一名及其投标报价（万元）	中标候选人第二名及其投标报价（万元）	中标候选人第三名及其投标报价（万元）	中标候选人第一名与第二名报价差额（元）
新建常德经益阳至长沙铁路站前工程施工单价承包CYCZQ2标段	199423 中铁十二局集团有限公司	199423 中交第二公路工程局有限公司	199430 中铁三局集团有限公司	5213
新建常德经益阳至长沙铁路站前工程施工单价承包CYCZQ6标段	213306 中铁十一局集团有限公司	213307 中铁一局集团有限公司	213311 中铁三局集团有限公司	7077
新建南昌经景德镇至黄山铁路江西段（不含先期开工段）站前工程施工招标CJHZQJX~2标段	249509 中铁三局集团有限公司	249510 中铁十一局集团有限公司	249509 中铁二十四局集团有限公司	5945
新建龙岩至龙川铁路龙岩至武平段站前工程施工总价承包招标LLZQ~2标段	222042 中铁二十四局集团有限公司	222043 中铁十二局集团有限公司	222043 中铁五局集团有限公司	6223
新建南昌经景德镇至黄山铁路江西段（不含先期开工段）站前工程施工招标CJHZQJX~7标段	237449 中铁二局集团有限公司	237449 中铁十一局集团有限公司	237451 中铁三局集团有限公司	7354

续表

项目名称	中标候选人第一名及其投标报价（万元）	中标候选人第二名及其投标报价（万元）	中标候选人第三名及其投标报价（万元）	中标候选人第一名与第二名报价差额（元）
新建汕头至汕尾铁路站前工程SSZQ~2标段	213071 中铁三局集团有限公司	213072 中铁一局集团有限公司	213073 中铁广州工程局集团有限公司	7552
新建汕头至汕尾铁路站前工程SSZQ~3标段	186894 中铁广州工程局集团有限公司	186895 中铁三局集团有限公司	186895 中铁十一局集团有限公司	5978
新建汕头至汕尾铁路站前工程SSZQ~6标段施工招标	222225 中铁十四局集团有限公司	222225 中铁隧道局集团有限公司	222228 中铁四局集团有限公司	8890

数据来源：根据某工程建设交易信息网数据整理。

（五）违法行为处罚不足

《铁路工程建设项目招标投标管理办法》规定若招标人、投标人或者其他利害关系人违反相关法规，由铁路工程建设项目招标投标行政监管部门责令改正，给予警告；情节严重的，可以并处3万元以下的罚款。

例如，在某铁路相关工程施工总承包项目经理部自购物资招标中，经投诉举报调查发现，招标单位存在不合理的条件限制或者排斥潜在投标人的行为，最终地方铁路监督管理局对该违规单位处以 3 万元的罚款，并责令改正。但该项目已经确定了中标人，中标金额共约 800 万元。因此该处罚对违规单位威慑力较小，相关企业及人员仍有动机违反相关规定以牟取利益。

现有的公平竞争审查制度尚未将由财政出资的、中国铁路国有企业负责组织实施的一些建设项目的招标文件纳入公平竞争审查，反垄断执法机构对铁路企业在投标中的合谋行为很少进行反垄断执法。

四、强化竞争政策及加强竞争执法的建议

铁路工程招投标体系存在的上述问题抬高了我国铁路的建设成本，抬高了我国铁路的货运价格（物流成本）和客运票价，抬高了国铁集团的债务负担，不利于现代化铁路建设和交通强国战略的实施。为有效解决上述问题，可考虑实施如下政策：

（一）完善招投标制度并加强监管

国家有关机构可进一步完善我国招投标制度，制定更科学的招投标规则，并完善招标项目的评标方法。禁止使用财政资金的招标单位以不合理的业绩、资质和营业额等要求排除、限制竞争。改革投标文件递交时间，为投标者编制投标文件预留出充分

的时间。对于同一企业集团，不应允许两家及两家以上的子公司同时参与投标。完善招投标信息公开机制，引入社会监督。评标结束后，将投标文件、评标专家姓名及打分向社会公开。运用大数据相关技术，加强对招投标的事前和事中监督。

（二）完善公平竞争审查制度和加强公平竞争审查

铁路路网环节具有自然垄断属性，铁路国有企业负责具有自然垄断属性的铁路路网建设，将自然垄断型国有企业的一些招标项目的招标文件事先纳入公平竞争审查，比对铁路国有企业进行事后的成本监审和反垄断更为有效，并且，铁路路网建设资金由政府财政出资，由政府财政出资建设项目的招标文件理应纳入公平竞争审查。建议国家市场监督管理总局进一步完善公平竞争审查制度，将自然垄断环节的国有企业或由政府财政出资的招标项目的招标文件纳入公平竞争审查范围。铁路国有企业应加强对相关招标文件进行公平竞争审查，重点审查铁路项目招标文件和评标规则中是否存在不合理的准入门槛，排除、限制潜在的投标人。特别是招标文件及评标规则中不得以不合理的业绩、资质、营业额、技术标准、获奖等要求或做法，排除、限制投标人竞争。市场监督管理部门应加强对铁路国有企业落实公平竞争审查情况实施评估和抽查，应科学选取专业机构对其落实公平竞争审查情况实施第三方评估。

（三）加强招投标领域反垄断执法

市场监督管理部门应加强招投标领域反垄断执法，重点查处招投标领域的合谋行为，并实施严厉处罚。考虑到市场监督管理部门现有的反垄断执法资源有限，应考虑面向社会设立有奖举报机制，积极引入社会监督。

参考文献

［1］张莹，2014：《公共采购招投标过程寻租行为的博弈研究》，《中国招标》第30期。

［2］周其明，任宏，2005：《"围标"经济行为分析》，《土木工程学报》，第7期。

［3］赫永峰，2007：《铁路工程项目评标方法研究》，大连理工大学。

［4］齐媛媛，2014：《工程项目招标投标管理存在的问题和对策研究》，山东大学。

［5］张新宁，张劲枫，刘娜，2014：《基于维克里理论的铁路工程招投标机制研究》，《铁道工程学报》，第5期。

［6］陈静，2015：《加强铁路工程建设项目招投标监督的思考》，《铁路采购与物流》，第3期。

［7］张庆松，2017：《铁路建设工程招评标制度的改进研

究》，西南交通大学。

[8] 王永健，2017：《我国铁路建设工程招投标问题探析》，西南交通大学。

[9] 刘智焕，2017：《数据挖掘技术在投标报价评审中的应用》，《贵州大学学报》，第6期。

[10] 王万利，2018：《交通工程项目招投标风险评价》，兰州交通大学。

[11] 程铁信，刘文涛，王朝阳，王学海，2018：《工程招标中的围标串标预警模型研究》，《天津大学学报（社会科学版）》，第1期。

[12] 乔柱，刘伊生，茹建青，2020：《基于大数据的铁路工程投标企业异常行为预警研究》，《铁道科学与工程学报》，第1期。

[13] 于立，杨童，冯博，2021：《〈反垄断法〉对国有企业的适用性及疑难问题——E-B-C范式的构建与应用》，《财经问题研究》，第4期。

[14] CarloMorselli, Marie Ouellet. (2018). Network similarity and collusion. *Social Networks*, 55, 21-30.

经营者集中反垄断控制的价值目标

叶 军[*]

（商务部条约法律司）

［内容摘要］反垄断法规定的多元立法目标难以满足具体制度差异化的需求。根据实践需要进行理论阐释，对统一认识，正确释法、执法、司法和守法具有重要而深远的理论和实践意义。经营者集中反垄断控制经历了从保护竞争者到保护竞争的历史演进，当前我国的经营者集中反垄断控制应当定位于保护竞争，保护竞争者则是偶然的副产品。市场竞争是法律层面的保护对象，是直接价值目标；市场竞争满足主体需要的有用性则是法律背后的经济效率，是间接价值目标。附条件批准经营者集中的直接目标是减少或消除反竞争影响，以维持市场的有效竞争，而非公平竞争和自由竞争。所附条件以维持集中实施

＊ 叶军，法学博士。

后的市场竞争为必要。

［**关键词**］经营者集中；反垄断控制；价值目标；经济效率；有效竞争

法律最主要的问题不是其起源而是目标，如果根本不知道道路会导向何方，我们就不可能智慧地选择路径（本杰明，1998）。横向比较反垄断法的各项制度，分别针对不同的垄断行为，各项制度内容大相径庭，追求的价值目标也有差异；纵向比较具体制度的历史演进，随着政治经济和社会环境、经济学理论的发展变化，反垄断法追求的价值目标也在不断调整。经营者集中反垄断控制是反垄断法的支柱制度之一，在该制度下，各国均允许执法机构以附条件的方式，批准具有或者可能具有排除、限制竞争效果的经营者集中。附条件批准经营者集中是反垄断执法的重要方式，这不仅事关市场竞争，还会对经济发展和相关方权益产生重大影响。然而，我国反垄断法只是一般性地规定了多元化的立法目的，[①] 未明确规定附条件批准经营者集中的价值目标。在多元化的反垄断法价值目标体系下，有必要对附条件批准经营者集中的价值目标进行精细化和有针对性的讨论，以便对法律解释、适用、执行和遵守提供充分有效的指引。

---

① 根据我国《反垄断法》第一条，其立法目标是：预防和制止垄断行为，保护市场公平竞争，提高经济运行效率，维护消费者利益和社会公共利益，促进社会主义市场经济健康发展。该条规定的多元化立法目的，虽然兼顾了各种价值考量，但同时也引发了如何平衡协调的问题。

一、从保护竞争者到保护竞争

一般认为，反垄断法维护的是市场竞争机制，通过维护市场竞争机制提高经济效率或者实现其他社会目标，而不是刻意保护在竞争中受到损害的竞争者（孔祥俊，2001）。反垄断法不简单地以特定竞争者受到损害，作为判定是否构成垄断行为的标准，而是从竞争机制的大局或者整体进行判断（王勇，2002），这就是所谓的"保护竞争而非竞争者"。目前，虽然仍有不同看法，但"保护竞争而非竞争者"似已为主流反垄断理论界和实务界奉为圭臬，特别是得到了经营者集中反垄断控制领域的认可。从保护竞争者发展到保护竞争，有其历史的演进过程。"保护竞争而非竞争者"最早由美国最高法院在布朗鞋业公司案[1]中提出。探究"保护竞争而非竞争者"，自然离不开对美国反托拉斯法相关判例和理论的追踪溯源。

美国最早的反垄断法《谢尔曼反托拉斯法》（*Sherman Antitrust Act of 1890*）诞生于大型托拉斯与包括中小工商业者在内的消费者之间的政治博弈，其时，尚无经济学理论支撑，社会现实催生出来的政治性很高的民粹主义成为当时反垄断法的理论基础。彼时正值美国第二次工业革命，大企业迅速发展并结合成规

---

[1] *Brown Shoe Co. v. United States*, 370 U.S. 294 (1962)

模巨大的托拉斯组织,威胁到中小企业利益,社会矛盾激化,破坏了公平自由的传统经济观念,公众担忧因此带来的经济权力集中并产生巨大的政治压力。在政治上,民粹主义认为垄断的经济力量催生专制的政治力量。民粹主义重视分散的市场力量和保护弱者,不信任大企业和少数竞争者,认为反垄断法应当负担起维护经济民主和政治民主的使命,主张从中小工商业者和消费者角度构建竞争规则,目的是使市场参与者人人享有公平的竞争机会,消费者有机会获得公平交易。如果竞争结果导致中小市场力量被排挤出市场,那么这种竞争就不可取,国家应对这种竞争加以干预,以保证市场上所有的竞争者都能参与到竞争中去(白燕,2010)。在此社会环境下,《谢尔曼反托拉斯法》的制定者们所关心的问题似乎是对托拉斯竞争的小企业不利的低价、歧视定价以及对消费者不利的高价等问题(理查德,2003),其宗旨在于保护实力弱小的工商业者和平民的权利,即保护的是竞争者和消费者而非市场竞争。Hand 法官对此表述得更清楚:国会通过的谢尔曼法并不仅仅是出于经济动机,由于该法间接的社会或道德影响,国会可能更倾向于创设一个把自己的成功建立在自己的技能和性格上的小生产者体系,而不是大多数人必须接受少数人指导或领导的体系。[1]

美国最早明文规制经营者集中的反垄断法是《克莱顿反托拉

---

[1] *United States v. Aluminum Co. of America*, 148F. 2d 416 (2d Cir. 1945)

斯法》(Clayton Antitrust Act of 1914)。作为对《谢尔曼反托拉斯法》的修订和增补，从《克莱顿反托拉斯法》开始，经营者集中被明文纳入到反垄断法的调整范围。《克莱顿反托拉斯法》第7条第一款明确规定，从事商业或从事影响商业活动的任何人，不能直接、间接取得其他从事商业或影响商业活动的人的全部或部分股票或其他资本份额；联邦贸易委员会管辖权下的任何人，不能取得其他从事商业或影响商业活动的人的全部或一部分资产，如果该取得可能实质上减少竞争或有形成垄断的趋势。[①] 从上述表述看，法律禁止的是那些"可能实质上减少竞争或有形成垄断趋势"的经营者集中。由此似可推论，《克莱顿反托拉斯法》旨在保护竞争反对垄断，而非重在保护竞争者。然而，在布朗鞋案中，美国联邦最高法院考察了《塞勒—科佛沃法》的制定过程及意图后仍认为，对企业集中的关注不仅建立在经济基础之上，还应当建立在集中对其他价值带来威胁的基础之上，高度集中的经济被认为对其他价值构成威胁。[②] 国会首先考虑的是保护小工商业和地方对工业的控制，其次是产业集中带来的政治风险，最后是大企业控制经济导致个体独立和创造力丧失（罗得岛、斯蒂芬和吉姆，1990），显然对竞争者的保护要优先于对竞争的保护。

[①] 15 U. S. C. § 18 (2012)，其中包括了，为应对企业并购规模显著增大、对经济力集中的警惕提升、产业地域管理以及保护小规模企业，美国国会1950年通过的《塞勒—科佛沃法》(Celler - Kefauver Antimerger Act)，对《克莱顿反托拉斯法》第7条进行的修正和补充，即除了取得股份，取得资产（assets）的集中也被纳入规制范围，而且非直接竞争者的取得股份等（纵向并购、混合并购）在一定条件下也被禁止。

[②] Brown Shoe Co. v. United States, 370 U. S. 294 (1962), Page at. 316.

经营者集中反垄断控制的价值目标

在这段历史时期，美国虽然将经营者集中纳入反垄断法管制，但尚未实行事前申报制度，如果执法机构要反对拟议的经营者集中，需要向法院提起诉讼，由法院做出最终裁决。美国联邦法院法官拥有很大的自由裁量权，最高法院的判决又是下级法院以后审理同类案件的先例，因此，彼时法官对反托拉斯法实施目标的立场至关重要。考察美国反托拉斯法究竟是保护竞争抑或保护竞争者，绕不开美国最高法院的经典判例。事实上，正是美国最高法院在著名的布朗鞋业（Brown Shoe）案[①]中，最早提出了后世推崇的法律格言"竞争法保护的是竞争而非竞争者"。[②] 在该案中，司法部基于以下理由反对拟议集中：（1）市场封锁效应；（2）鞋生产市场的横向效应；（3）鞋零售市场的横向效应。初审法院认为，合并双方原来是主要竞争对手，合并将导致行业集中度提高并限制鞋零售业竞争；合并将在生产商和零售商之间

[①] *Brown Shoe Co. v. United States*, 370 U. S. 294（1962）在该案中，Brown Shoe 公司拟与 Kinney 公司换股。Brown Shoe 公司是美国第四大鞋生产商，占全美鞋类总产量的 4%。Kinney 公司是一家规模很小的鞋生产商，产量不到全美的 0.5%，Kinney 公司同时经营全美最大的家庭式鞋店连锁，占美国鞋类零售总额的 1.2%，Kinney 鞋店销售的 20% 来自 Kinney 公司生产的鞋子，但没有销售 Brown Shoe 公司的鞋子（参见第 303 页）；在美国的 32 个城市中，两公司女鞋合并市场份额超过 20%，其中 31 个城市，童鞋合并市场份额超过 20%，其中 6 个城市超过 40%。在合并市场份额最高的堪萨斯州道奇城，女鞋超过 57%，童鞋为 49%。在 7 个城市中，两公司的合并市场份额最大（从 33% 到 57%），两公司各自市场份额从 13% 到 34%。在全美 118 个城市中，男鞋、女鞋或童鞋中至少有一项合并市场份额超过 5%，其中 47 个城市三种鞋子的合并市场份额均超过 5%（参见第 342—343 页）；拟议集中可能使 Brown Shoe 公司取得全美鞋零售份额的 7.2% 和全美零售份额的 2.3%（参见第 345 页）。

[②] *Brown Shoe Co. v. United States*, 370 U. S. 294（1962），原文为：taken as a whole, the legislative history illuminates congressional concern with the protection of competition, not competitors, and its desire to restrain mergers only to the extent the such combinations may tend to lessen competition.

形成特殊关系，可能导致其他企业丧失公平竞争的机会；合并可能实质上进一步限制竞争、形成垄断。初审法院裁决禁止此项集中，要求被告返还其取得的资产。被告向最高法院提起上诉，最高法院维持了初审裁决。[1] 沃伦大法官在判决书中指出：大企业集中或连锁运作当然会产生一些有利于消费者的结果，其扩张行为可能给中小企业生存状况带来不利影响，但不能因此认定其非法，反托拉斯法保护竞争而非竞争者。判决书同时指出：我们不能忽略国会通过保护可存活的、地域性的中小型企业来促进竞争的立法意图，国会甘愿为维持这种分散的产业和市场结构而付出高昂成本和价格代价。

由此可见，彼时的美国联邦最高法院在保护竞争和维持分散的产业及市场结构之间，在保护消费者利益和有利于弱小低效竞争者之间，正处于摇摆不定的两难处境。该案的最终裁决是纠结的，作为最早提出后世瞩目的"竞争法保护的是竞争而非竞争者"格言的判例，却遵从了"联邦议会通过保护独立小规模地域性经营者来促进竞争"的意图，禁止了合并市场份额不足5%、现在来看显然属于难以损害市场竞争的经营者集中。事实上，该案并非孤例。美国联邦最高法院在同时期多件类似案件的判决中，都提到了"保护竞争而非保护竞争者"，但最终都作出了禁止集中的裁决，事实上保护了中小竞争者而非市

---

[1] *Brown Shoe Co. v. United States*, 370 U.S. 294 (1962), Page at 304, 346

场竞争。① 这些案件表明，以美国联邦最高法院判决为标志，彼时美国在反托拉斯法目标的认识和做法上，尚处于从保护竞争者向保护竞争的转变过程之中。

美国反托拉斯法诞生后的半个多世纪里，从美国法院判决的立场来看，反托拉斯法更多地在保护竞争者，保护那些在市场竞争中处于弱势的中小竞争者而非保护市场竞争。当然，也可以说是保护竞争，保护以中小竞争者不被逐出市场为特征的市场竞争。这种局面背后可能的原因：一是，作为美国反垄断法鼻祖的《谢尔曼反托拉斯法》本身就是政治博弈的结果，在其执行中主要考虑政治目标符合其内在逻辑。二是，美国反托拉斯法诞生于实践需求，早期尚无经济学理论引领支撑，对保护竞争内涵的理解存在很大的主观性。三是，20世纪30到60年代兴起的以哈佛学派为代表的经济学理论，对美国反托拉斯法施加了重大影响。哈佛学派创设了"市场结构—企业行为—市场绩效"（SCP）的分析框架，该框架强调市场结构对市场绩效的决定作用，认为在高集中度的市场中，必然存在更多的共谋和协调行为，以达到排挤竞争对手的目的，进而产生超额垄断利润。执法和司法机构受此影响，倾向于严格实施反垄断法。

20世纪70年代，美国在执法实践、司法判决和基础理论支

---

① *United States v. Philadelphia National Bank*, 374 U.S. 321 (1963), https://supreme.justia.com/cases/federal/us/374/321/#F43; United States v. Von's Grocery Co., 384 U.S. 270 (1966), https://supreme.justia.com/cases/federal/us/384/270/#F12

撑上开始转向保护竞争。国外研究认为,"保护竞争而非竞争者"的反垄断法格言,虽然是美国最高法院在 1962 年的布朗鞋业（Brown Shoe）案中首次提出,但把维持与促进竞争作为反托拉斯法目的和宗旨的却是通过 1977 年的 Brunswick 案[①]以略显粗糙的形式确立起来的（土田和博,2018）。在 Brunswick 案中,地方法院一审判决拟议集中违反《克莱顿法》第 7 条,命令拆分违法企业,二审法院驳回了一审法院拆分企业的判决。二审法官们一致认为,原告未能证明存在垄断损害,即反垄断法禁止的非法行为所造成的损害。原告（竞争者）只有因法律禁止的垄断行为遭受损害时,才能获得法律保护,而正常竞争中的利益减损被视为符合商业本质。马歇尔大法官的法庭意见引用了布朗鞋业（Brown Shoe）案判决中"竞争法保护竞争而非竞争者"的论断。二审判决认为,因竞争得到维护而附随的不可预测的意外收益的丧失并非反托拉斯法意义上的损害。"反托拉斯法是为保护竞争而非竞争者制定的",即便竞争后果使某人受到损失,这也并非反托拉斯法意义上的损害。从 Brunswick 案开始以来,美国法院越来越倾向效率目标,越来越关注经济效率,在判决意见中更多

[①] *Brunswick Corp. v. Pueblo Bowl－O－Mat*, Inc., 429 U.S. 477,（1977）在该案中,原告 Pueblo Bowl－O－Mat, Inc. 是保龄球场馆经营者,在全美几大城市经营保龄球场。被告 Brunswick Corp. 是美两大保龄球设备生产商之一。20 世纪 60 年代初,随着保龄球热潮消退,保龄球场大量倒闭,被告开始收购倒闭球场,包括原告所在的三个城市的保龄球场。如任由这些保龄球场倒闭,这些球场将退出市场,原告作为市场上存活的球场将可能获得更高市场份额和更多利润。原告认为被告收购损害了其利益,就此提起诉讼并请求三倍赔偿。

使用经济分析,少有明确同情小企业或分散政治经济力量的倾向,抛弃了对竞争以及竞争者保护的偏好,而这种偏好在沃伦时代是司法判决的主导思想。

由此看来,反垄断法保护竞争而非竞争者并非反垄断法与生俱来的应有之义,在反垄断法诞生之后的相当长时间内,司法机构秉持更多的是政治考虑或博弈的结果。美国反托拉斯法之所以在20世纪70年代转向竞争考虑,主要取决于如下多种因素。

首先,这与当时美国所处的国内外环境变化有关。在《谢尔曼反托拉斯法》《克莱顿反托拉斯法》《塞勒—科佛沃法》颁行的年代,进口竞争和外国投资者在美设立企业从事制造业对美国国内的影响不大,还不是立法关注的议题。自20世纪70年代特别是中后期开始,美国面临的国内外经济条件发生重大变化。国内通货膨胀日益严重,生产力下降,国际收支失衡;国外企业与国内企业间的竞争已经出现并迅速增长,国内日益担忧如何应对激烈的国际竞争。这导致美国越来越重视提高企业效率以应对挑战。[1]

其次,在经济学理论领域,芝加哥学派于20世纪六七十年代兴起,逐渐取代哈佛学派成为主流。芝加哥学派认为,经济效率应取代其他社会、政治方面的目标,成为反托拉斯法关注的核

---

[1] The Goals of Competition Law, Conference on Trade and Competition Policy before the Pacific Economic Cooperation Council, May 13 – 14, 1997 (prepared remarks of Debra A. Valentine)

心问题。Easterbrook 法官将该学派提出的反托拉斯政策称为"可行的反托拉斯政策"（workable antitrust policy），其主张：（1）每个市场都有其不同情况，反托拉斯政策不应先入为主地认为，激烈的小厂商竞争一定会比合作和竞争更好；（2）不应相信法官和政府机构能塑造出最好的市场结构，经济管制的历史证明此种干预不会成功，而且可能成为利益集团争逐的场所；（3）竞争比人们想象的要严酷得多，追求利益是商人的本质，所以追求利益的动机肯定会瓦解独占或垄断行为；（4）表面上看似独占的行为，因为包含了合作，可能对社会有益，合作很重要，但允许合作到什么程度是个难题，在尚未解决该难题时就加以禁止，会一并禁止有益的行为；（5）复杂的商业行为将永远存在，不能等闲视之，虽然对某些复杂商业行为的作用并不清楚，但它能与其他商品和行为共存，就说明了其作用。经济效率由此成为反托拉斯法的唯一目标（罗伯特和劳埃德，1991）。芝加哥学派主张从结构规制转向行为规制，注重判断集中是否提高了效率，而不是强调集中度提高必然导致限制竞争的结果。

最后，执法机构发布指南文件主动考虑效率因素。1976 年美国国会通过《哈特－斯科特－罗迪诺反托拉斯改进法》（*Hart－Scott－Rodina Antitrust Improvement Act of 1976*），确立了美国现代意义上的经营者集中事前申报制度[①]。自此经营者集中反垄断控

[①] 15 U.S.C. § 18a (2012)

制成为一项更为常态化的执法行动。1984年6月14日，美国司法部发布《合并指南》，[①] 1992年4月2日，美国司法部和联邦贸易委员会发布《横向合并指南》。[②] 这些文件主要规定了当事人需要遵守的申报规则、执法机构对申报的经营者集中进行分析的框架和标准。从指南的内容来看，大大放宽了合并的控制标准，开始主动考虑合并的"效率因素"。此后，受芝加哥学派影响，美国的执法机构和理论界逐渐认同效率在反垄断执法中的价值并逐步体现到有关文件中。例如，1997年公布的《横向合并指南》专设"效率"（merger - specific efficiency）一节，明确承认经营者集中的效率，将"合并特有的效率"确定为执法机构审查经营者考虑的核心因素之一。

当前，包括美国在内的主要司法辖区无疑秉持了保护竞争而非竞争者的立场。例如，美国司法部反垄断局2004年10月首次发布的《合并救济反垄断政策指南》，在指导原则中明确：救济措施应当促进竞争而不是帮助竞争者。救济的目的是重建竞争而不是决定输赢结果，救济措施应当促进竞争而不是保护或偏袒特定竞争者。[③] 2011年6月修订发布的《合并救济反垄断政策指南》在前言中称，反垄断局的核心目标是维持竞争，而非决定竞

[①] U. S. Department of Justice: *Merger Guidelines*, June 14, 1984.

[②] U. S. Department of Justice and the Federal Trade Commission: *Horizontal Merger Guidelines*, April 2, 1992. （后分别于1997年4月8日、2010年8月19日修订重新发布）。

[③] U. S. Department of Justice Antitrust Division: *Antitrust Division Policy Guide to Merger Remedies*, October 2004.

争的结果或者选择竞争中的赢家或输家，因此，和解令的各种条款应该维持竞争，而非保护或偏袒特定的竞争者。指南在此段后加注了多个案例，表明美国司法部在执法实践中也是如此操作。[①] 美国司法部宣称，有效维持相关市场的竞争是评估成功救济的试金石，这是合并执法的适当目标。[②] 欧盟理事会《关于经营者集中控制的第139/2004号条例》也明确指出，设立企业集中控制制度的目的是为了确保重组的过程不会对竞争产生持久性损害，[③] 保护的也是竞争而非竞争者。

在我国有学者提出，反垄断法维护的是市场竞争机制，通过维护市场竞争机制提高经济效率或实现其他社会目标，而不是刻意保护在竞争中受到损害的竞争者。确切地说，反垄断法不以特定的竞争者受到损害作为断定是否构成垄断的标准，而是从竞争机制的大局、从整体上进行判断（孔祥俊，2001）。也有反对意见认为，保护竞争是一种抽象意义上的法律价值目标的表达，保护竞争者则是法律价值在具体层面上的体现，这二

---

① See, e.g., *Brooke Group Ltd. v. Brown & Williamson Tobacco Corp.*, 509 U.S. 209, 223 (1993); Spectrum Sports, Inc. v. McQuillan, 506 U.S. 447, 458–59 (1993); *Atlantic Richfield Co. v. USA Petroleum Co.*, 495 U.S. 328, 337–38 (1990); *Cargill, Inc. v. Monfort, Inc.*, 479 U.S. 104, 116–17 (1986); *Brunswick Corp. v. Pueblo Bowl–O–Mat, Inc.*, 429 U.S. 477, 488 (1977); *Brown Shoe Co. v. United States*, 370 U.S. 294, 320 (1962); *Massachusetts v. Microsoft Corp.*, 373 F.3d 1199, 1211, 1230 (D.C. Cir. 2004); *United States v. Microsoft Corp.*, 253 F.3d 34, 58 (D.C. Cir. 2001)..

② Antitrust Division of U.S. Department of Justice, Antitrust Division Policy Guide to Merger Remedies, June 2011

③ Council Regulation (EC) No 139/2004 of 20 January 2004 on the control of concentrations between undertakings, OJ L 24/1, 29 January 2004.

者之间并非矛盾的两极，尽管存在一定冲突，但都能够在法律的价值中寻找到自己相应的空间。原因在于，虽然反垄断法以社会利益为本位，但社会利益本位原则的确立，并非通过完全放弃对个人权利的保护，而是通过对其进行合理必要的限制来予以实现。反垄断法的价值不仅在于其对抽象的"良好的竞争秩序"的构建，也在于对具体的利益相关者的保护（吴宏伟和袁潭，2013）。此外，在竞争关系中，竞争者有自己的独立利益，且经常处于利益被侵害的地位。消费者不是唯一令经营者感兴趣的主体，通过排除竞争者或剥夺竞争者利益而获取垄断利润往往更加隐蔽。因此，经营者从事的限制竞争行为可能对消费者产生不利影响，也可能对竞争者产生不利影响。如果仅从消费者角度评判反垄断法，说反垄断法只是为了保障消费者利益，显然有失偏颇（刘继峰，2013）。

笔者认为，经营者集中反垄断控制的目的是保护竞争而不是保护竞争者。首先，这是由竞争的性质决定的，所谓竞争，是经济主体在市场上为实现自身的经济利益和既定目标而不断进行角逐的过程，竞争参与者之间相互对立、相互制约，竞争表现为参与者之间内有动力、外有压力的持续不断的市场较量过程（陈秀山，1997）。竞争也可以简单理解为，是竞争者打败竞争对手、赢得市场与消费者的手段。反垄断法既然以保护竞争为己任，就无法同时把保护竞争者作为目标，保护竞争和保护竞争者之间有内在矛盾，否则反垄断法就成为消除竞争的法律。其次，保护竞争者不是经营者集中反垄断控制追求的目标,即便在规制经营者集中行为的某些个案中看似保护了竞争者,但这只不过是保护竞争的副产品。在有些市场情形下,保护竞争者是保护竞争的手段和方式。例如,在布朗鞋案中,法官认为应当尊重国会"通过保护小企业促进竞争"的意愿,在少数大竞争者与多数小竞争者并存的市场上,执法机构否决大竞争者之间或者大竞争者和小竞争者之间的集中,但允许甚至鼓励小竞争者之间的集中,这不排除有通过保护小竞争者以维持竞争的考虑。再如,在高集中度且市场进入壁垒也很高的市场上,没有竞争对手,竞争也将不复存在,[1]保护竞争和保护竞争者相互关联,保护特定的竞争者成为保护市场竞争的主要手段。更常见的情形是,看似保护了竞争者,其实只是保护竞争的客观结果。例如,竞争者乐见与其势均力敌的另外两个竞争者之间的集中被禁止,该禁止决定对该竞争者有利,但执法机构禁止该集中并无保护该竞争者利益的考虑。最后,在我国,与反不正当竞争法相比,反垄断法的目的是维护市场竞争机制,而不是直接地保护特定的竞争者。它通过禁止经营者实施排除、限制竞争的行为,以维护市场的竞争格局,解决市场中有没有竞争的问题。[2]

---

[1] Spirit Airlines, Inc., v. Northwest Airlines, Inc., 429 F. 3d 190, No. 03 – 1521, https://openjurist.org/429/f3d/190/spirit – airlines – inc – v – northwest – airlines – inc

[2] 全国人大常委会法制工作委员会编:《中华人民共和国反垄断法释义》,法律出版社2007年版,第12页。

二、直接价值目标和间接价值目标[1]

附条件批准经营者集中的价值目标有直接价值目标和间接价值目标。从我国《反垄断法》的制度设计和相关条款中,可以辨识和抽象法律层面上的直接价值目标。在这个层面上探究价值目标可以从如下问题入手。

一是,我国《反垄断法》创设经营者集中反垄断控制制度要解决什么问题,执法机构施行经营者集中反垄断审查,禁止一项经营者集中的法定理由是什么。《反垄断法》第二十八条规定,经营者集中具有或者可能具有排除、限制竞争效果的,国务院反垄断执法机构应当做出禁止经营者集中的决定。由此可见,《反垄断法》创设经营者集中反垄断控制制度的目的,是为了查找出那些具有或者可能具有排除、限制竞争的经营者集中并以此为由予以禁止。经营者集中反垄断审查的标准是,是否具有或可能具有排除、限制竞争效果。施行经营者集中反垄断审查,禁止的对象是具有或者可能具有排除、限制市场竞争的经营者集中。当前,世界主要司法辖区的反垄断立法及指南文件大致都有类似的规定,通常表述为:实质减少和排除竞争标准。[2]

---

[1] 安洪、乔婧、章一川和邢庭炜对本标题下内容亦有贡献。
[2] 美国《克莱顿反托拉斯法》、欧盟《关于经营者集中控制的第139/2004号条例》及《日本禁止私人垄断及确保公正交易法》等主要司法辖区的立法均有此规定。

二是，我国《反垄断法》为什么允许附条件批准本来应当禁止的经营者集中。《反垄断法》第二十八条规定，对于应当禁止的经营者集中，经营者能够证明该集中对竞争产生的有利影响明显大于不利影响，或者符合社会公共利益的，国务院反垄断执法机构可以作出对经营者集中不予禁止的决定。第二十九条规定，对不予禁止的经营者集中，国务院反垄断执法机构可以决定附加减少集中对竞争产生不利影响的限制性条件。2010年1月施行的《经营者集中审查办法》第十二、十三、十四条规定，附加的限制性条件应当"能够消除或减少经营者集中具有或者可能具有的排除、限制竞争效果"。2015年1月施行的《关于经营者集中附加限制性条件的规定（试行）》第1条规定，经营者集中附加限制性条件执法的目标是，减少集中对竞争产生的不利影响，维护相关经营者的合法权益。由上述规定可见，因为附加限制性条件"能够消除或减少经营者集中具有或者可能具有的排除、限制竞争效果"，所以可以此为由批准本来应当禁止的经营者集中。附条件批准经营者集中的直接目标是，解决经营者集中"具有或者可能具有排除、限制竞争效果"的问题，以减少（或消除）经营者集中对竞争产生的不利影响，维持相关市场的竞争。

综上，从我国《反垄断法》及配套规章的制度设计来看，经营者集中反垄断控制制度的目标在于维持市场竞争。市场竞争是经营者集中控制制度的保护对象，是经营者集中控制制度以至于反垄断法的客体。而经营者集中控制制度的价值，即客体对主体的有用性，或满足主体需要的积极意义，则需要绕过法律表面探究。

本质上，经营者集中反垄断控制是国家权力对契约自由和财产权利的直接干预，而契约自由和财产神圣不可侵犯是市场经济的基础，因此，这种干预必须有足够的理由，必须有超越契约自由和财产神圣不可侵犯之上的价值目标。实际上，法律制度不过是实现政治经济社会目标的工具，制定法律以维持竞争绝非为维持竞争而维持竞争。在工具层面的背后必然有其政治经济社会等更深层次的或者说最终意义上的目标价值。反垄断法只提供了判断某些行为是否合乎要求的可操作性的法律框架，法条背后则是市场经济之"理"。这个"理"要求树立恰当的市场经济理念、把握市场经济的方法论，以合乎市场经济要求的经济学来调整自己的行为，实施并实现《反垄断法》也即某种经济学（史际春，2008）。

通常认为，竞争包含了自由、公平、秩序和效率等法的基本价值。在不同国家和不同历史阶段，反垄断法曾分别凸显过自由、公平、秩序和效率等基本价值目标。从经济学角度，在不同历史时期，不同司法辖区，不同的学术流派有不同的看法或侧重。美国芝加哥学派兴起以来，提升经济效率、提高社会福利和消费者福利作为反垄断的终极目标，已逐步达成相当广泛的共识。自由、公平、秩序和效率虽属法的基本价值，然而试图让一部法律承担全部价值并不现实。自由更多体现在民商事法律规范中，公平更多体现在民事和反不正当竞争法律规范中，秩序则更多体现在涉及公共利益的刑事和行政法律规范中。我国《反垄断法》规定了宽泛而多元化的立法目的，一方面，这是各方意见协调妥协的结果，另一方面，也是将来满足实践侧重，做出不同解释适用的需要。因此，在不同历史阶段这些多元价值目标可能处于不同位阶，需要我们做出符合时代要求的优先选择。当前形势下，我国企业面临美国以及西方国家的竞争和打压，提高我国企业竞争力，在全球竞争中生存发展是第一要务。因此我们更需要有效率的竞争，我国反垄断法的价值目标应当定位于效率。美国在20世纪六七十年代转而将反垄断法目标定位于效率，即与其面临的国际竞争有关。此外，当前绝大多数国家的反垄断法都秉持保护竞争、追求经济效率的价值目标。我国反垄断法也定位于此，顺势而为，与多数国家保持一致，避免引发不必要的执法冲突。

既然效率作为反垄断法追求的经济目标，那么有效发挥市场作用、合理配置资源、提高社会和消费者福利、保护消费者权益等等，是否也得列为经营者集中反垄断控制之目标，不无讨论之必要。笔者认为，这些目标诚为反垄断法所追求，但并非反垄断法律制度设计与实施的直接目标。维持竞争是法律制度层面的直接目标，这些经济学意义上的目标乃是市场竞争得以有效维持的结果，是法律制度逻辑层面延伸的目标，属于间接目标或最终目标。

对不同层面价值目标及其关系的认识，既涉及立法，也关系到执法、守法和法律解释。法律目标和经济学上的目标应当协调一致。经济学意义上的反垄断目标须通过科学的法律制度设计，通过实现法律制度层面上的目标得以实现。法律制度的创设系以经济需求为基础，经济基础决定上层建筑。维持与倡导有效竞争，宏观上可以确保市场机制正常有效发挥作用，从而得以合理配置资源；微观上可以保障消费者选择权，保护消费者利益。只要有效竞争得以维持，市场机制作用得以有效发挥，市场配置资源、提升经济效率、造福消费者的效果就能自然产生。提升经济效率即资源配置可以使社会所有成员得到的总剩余最大化。因此，在反垄断执法层面上，只需要考虑法律层面的直接目标、法律目标，即考虑竞争因素、维持竞争即可；在竞争因素背后的逻辑目标、间接目标、最终目标，通常不予考虑。事实上，多数最终目标也难以直接考虑，无法直接作为反垄断执法的规范依据，否则就可能混淆不同部门法之间的界限，造成法律适用上的困扰和冲突。例如，保护消费者权益是《消费者权益保护法》的直接目标，经营者集中反垄断控制制度也考虑消费者权益，但两者调整的行为不同，保护的对象和方式也不同。消费者权益不是经营者集中反垄断控制的直接目标，经营者集中反垄断控制是通过维持市场竞争来保护不特定消费者的权益，是通过维持充分有效的市场竞争，确保消费者的选择权，确保消费者能以合理的价格享受更好的商品和服务。

我国《反垄断法》已经颁行，经济学意义上的目标价值应当已融入制度设计之中，此后细化相关条款只需围绕反垄断法律制度层面的目标进行即可。这一点类似波斯纳关于效率和竞争关系的论断，即经济学意义上的目标是终极目标，法律制度层面的目标是直接目标，只不过这个直接目标更具有法律操作性，使司法和执法更为便捷。[①] 世界范围内的反垄断立法都深深打上了经济学理论的烙印，反垄断执法严重依赖经济学分析思路和分析工具。经济学意义上的间接目标对反垄断立法、执法和法律解释均具重要价值。一方面，在立法层面，创设新法律规范或者填补法律规定空白，澄清含义不明确或有歧义的条款时，如果难以简单通过是否有利于市场竞争的标准判断，就可能需要进行间接目标测试；另一方面，在经营者集中反垄断控制的执行层面，经济效率和经济分析被赋予执法裁量的价值。与其他部门法不同，作为目的程式的反垄断法在条款设计上，更多体现的是立法者意欲追求的目标，未给出足够明确的行为规则和判断标准。在具体实施过程中，不得不需要借助经济学工具进行个案分析，这也是实践中往往需要律师团队和经济学家团队共同办理案件的原因。

在经营者集中竞争评估阶段，往往需要进行经济效率分析。基于基本事实，在法律层面评估竞争是否遭受减损往往只能定性评估，初步审查认为可能存在反竞争影响的案件，通常需要通过

[①] [美]理查德·A. 波斯纳：《反托拉斯法》，孙秋宁译，中国政法大学出版社2003年版。波斯纳关于效率和竞争关系的著名表述是："效率是反托拉斯的终极目标，竞争只是一个中间目标，只不过这个中间目标常常离终极目标足够的近，使得法院不必看得更远。"

经济学计量分析以评估经济效率是否提高,价格和创新投入是否变化以及发生变化的程度。出现这种情形的根本原因在于,经济学上的要求向法律规则的转化不彻底。《反垄断法》只是为判断一种市场行为是否合乎市场经济的要求提供一种分析的框架或方法,而不是为市场当事人和政府执法、法院司法直接提供具体的行为规范(史济春等,2007)。反垄断法对经营者集中的审查不像传统行政许可一样规定确定的许可条件,而只作出了目的程式的原则性规定,即仅表现出立法者意欲追求的目标(赖源河,2005)。这导致执法机构难以直接按照《反垄断法》规定的"排除、限制竞争"审查标准判定是否予以批准,而必须借助一系列经济学工具,分析判断经营者集中对市场竞争的影响及程度。只有当拟议经营者集中既有限制或排除竞争之效果,又不能带来超过限制或排除竞争之弊端的好处时,才能认定其违法,法条本身不可能对此给出明确的答案(史际春和罗伟恒,2019)。

在经营者集中竞争评估阶段,允许当事方进行效率抗辩。如果当事方证明经营者集中能够带来符合法律规定的经济效率,存在反竞争影响的经营者集中也可能得到豁免。这包括集中带来的效率高于因损害竞争而降低的效率,也包括如果维持所谓的竞争,反而可能导致效率降低、福利减少及消费者利益受损的例外情形。在通常情况下,诸如效率提高、福利提升、消费者权益保护与维持竞争之间存在合理的逻辑关系,具体表现为只要减少或消除经营者集中引发的反竞争效果,就能够提高(至少不损害)

经济效率，增进创新，提高社会和消费者福利。然而，在某些情况下，维持竞争反而可能损及反垄断的间接目标，即背后经济学意义上的效率目标。从经济学角度看，如果维护竞争不足以提高经济效率，甚至损及经济效率，那么这样的维护竞争就不可取。美国芝加哥学派即持此观点。比如波斯纳就认为，效率是反托拉斯法的终极目标，竞争只是中间目标，反托拉斯法的唯一目标应当是经济学意义上的效率，如果垄断比竞争更有效率，就不必适用反托拉斯法（理查德，2003）。这也是在反垄断法中创设诸多例外和抗辩的原因。在立法上，如果出现维持竞争与提高效率相悖的情形时，法律应当以例外方式列明或作出其他制度性安排；在个案处理上，除按照法律的例外规定处理外，通常允许当事方进行效率抗辩。

在直接目标，即执法目标层面，经营者集中反垄断审查首要考虑竞争因素，附条件批准经营者集中的直接目标是减少或消除反竞争影响、维持市场竞争。此处的竞争是何种竞争不无争议。争议主要集中在此处的竞争是公平竞争、正当竞争、自由竞争，还是有效竞争；此处的竞争是维持竞争、恢复竞争，还是促进竞争，均有讨论的必要。

三、公平竞争、自由竞争，还是有效竞争

多国反垄断立法文件中都规定了公平竞争。我国《反垄断

法》第一条立法目的条款使用了"公平竞争"的措辞。据此有不少观点认为，公平竞争是经营者集中反垄断控制制度的目标。无独有偶，日本《禁止私人垄断及确保公平交易法》第一条[①]和韩国《规制垄断与公平交易法》第一条[②]也都强调了"公平竞争"的立法目标。学界多有认可公平竞争是反垄断法立法价值目标的观点。这些观点认为，反垄断法实际上是在法律衡平的基础上，对处于弱势地位的经营者予以倾向性保护，看似有违经济法公平理念，但基于经济法的平衡协调价值，这恰恰说明了反垄断法对实质公平、社会整体公平的追求，回应和保障处于相对不利经济地位的经济关系主体的经济要求，使其获得平等的发展机会和正当的经济利益（于秀林和丁成强，2013）。甚至有观点指出，在反托拉斯法立法初期，公平价值就已经有所体现，如对于经济权力的约束和规范，必然会有保护弱者方面的考虑（叶卫平，2012），美国最早的反垄断法《谢尔曼反托拉斯法》就诞生于寻求公平竞争的背景之下。

大多数法学文献都或多或少地认可公平竞争是反垄断法追求的目标价值。在反垄断法的目标价值中抛弃公平，对法学而言存

[①] 该条规定：本法通过禁止私人垄断、不正当的交易限制以及不公正的交易方法，防止事业支配力的过度集中，排除因联合、协定等方法对生产、销售、价格、技术等的不正当限制，以及其他一切对事业活动的不正当约束，促进公平、自由的竞争，发挥经营者的创造性，繁荣事业活动，增加就业及国民实际收入水平，以确保一般消费者利益并促进国民经济民主、健康地发展为目的。

[②] 该条规定：为了防止经营者滥用市场支配地位和过度集中，规制不正当的协同行为和非公平交易行为，促进公平、自由竞争，激励企业自主创新，维护消费者利益，实现国民经济均衡发展，制定本法。

在巨大的惯性困难。因为公平正义是法律人追求的最美好愿景之一，潜意识中认为垄断非法、不公平，反垄断法要保护公平竞争。问题是，反垄断的任务难道是劫富济贫吗？当前的反垄断法并不反对垄断状态本身，而是反对垄断行为，反对排除、限制竞争的垄断行为。反垄断法反对排除、限制竞争行为的原因在于，这些行为妨害了市场机制发挥作用，降低了经济效率，当前反垄断法追求的是有效率的市场竞争。在一定程度上，垄断状态正是竞争者追求的目标，也正是对这一目标的不懈追求推动了竞争不断进行。反垄断法不惩罚通过合法竞争取得垄断状态或地位。据此，笔者认为，公平竞争不应当成为反垄断法的价值目标，更不是经营者集中反垄断控制制度，包括附条件批准经营者集中的直接目标。

首先，反垄断法反对排除限制竞争的行为，包括禁止垄断协议、禁止滥用市场支配地位和控制经营者集中。这在客观上，固然不利于强势的竞争者，有利于赋予弱势竞争者更多公平竞争的可能和机会，客观上起到了保护弱势竞争者的作用。然而，这只是反垄断法追求直接目标的副产品，而非反垄断法追求的直接目标本身。

其次，市场竞争本身难言公平，正是不公平推动了市场竞争。市场进入有先后，竞争的起点不公平；竞争者的财力、技术水平有差异，竞争的实力不公平；竞争者的信息不对称，竞争的机会不公平；甚至竞争的结果优胜劣汰，也不见得完全公平。市场竞争本身就是竞争者不断强化各自竞争优势的过程，也就是强化不公平性的过程。反垄断法不会也不应当禁止或限制这种市场竞争的"不公平性"，恰恰相反，正是这种市场竞争的"不公平性"才使得竞争得以存在并持续进行。

再次，公平竞争注重竞争的机会均等、地位平等以及实力均衡等因素，这些因素对市场参与者而言天然不均等、不均衡。如果通过公权力干预，过分强调甚至强制这种竞争的公平性，反而可能损害市场竞争机制，降低竞争的有效性。只有不公平的竞争违反基本的商业道德，进而违反不正当竞争法等法律，或者不公平性是因公权力不当介入市场，进而违反公平竞争审查制度，才属于法律谴责的对象。然而此等情形显然不属于反垄断法管制的范畴。

最后，公平竞争调整的是竞争者之间的关系，违反公平竞争的行为往往侵害同业竞争者的利益。保护竞争而非竞争者是当前各国反垄断法秉持的理念。要求反垄断法追求公平竞争似与这一理念背道而驰。事实上，在当前各国的反垄断执法中，少见基于保护相对弱势竞争者利益，而挑战经营者集中的做法。

在反垄断法的历史演进过程中，公平价值和效率价值确有一段缠斗历史。美国最早的《谢尔曼反托拉斯法》就是在保护中小业者和消费者的背景中产生，有强烈的追求公平价值的因素。自芝加哥学派兴起之后，美国的反托拉斯经济分析通常无视公平价值，芝加哥学派认为即使公平价值应该被正视，那也是反垄断法以外其他法律制度，如税法需要考虑的问题。因此，才有波斯纳等学者得出效率价值应该是反托拉斯法唯一的价值目标的结论（叶卫平，2012）。

当然，部分经营者达成垄断协议、滥用市场优势地位或者实施集中，可能会损害其他竞争者特别是其他弱势的竞争者的利益，从而造成或加剧经营者之间竞争的所谓不公平性。然而，反垄断法乃公权力直接干预市场秩序的法律，其定位不在调整解决经营者之间的竞争关系，竞争者不能据此取得私权意义上的损害赔偿请求权。该等损害如有法律救济之必要，可由其他法律承担，例如公平竞争法，正当竞争法等。此外，在经营者集中反垄断控制制度的效率价值目标设计中，仍然存在公平因素的考虑，主要体现在间接目标价值究竟是社会福利还是消费者福利，不同的解决方案是在消费者和经营者之间，考虑公平因素寻求利益平衡。然而，这均不涉及公平竞争的问题。

多国反垄断立法文件中都规定了自由竞争。我国《反垄断法》第一条没有提及保护自由竞争，但不少司法辖区的反垄断法都规定了自由竞争，例如，日本《禁止私人垄断及确保公平交易法》第一条和韩国《规制垄断与公平交易法》第一条均规定要"促进公平、自由的竞争"，把自由竞争和公平竞争并列。巴西《反垄断法》第一条也规定："本法规定的反垄断措施与如下的宪法原则保持一致：企业自由和公开竞争，财产的社会功能，消费者的保护和限制经济权力的滥用。"有些司法辖区的反垄断法虽未规定自由竞争，但提及经营或交易自由的内容，例如，印度《竞争法》在前言中规定："为了本国经济发展，建立一个预防对竞争造成负面影响行为的委员会，以促进和维护市场竞争，保护消费者权益并保证其他市场参与者的交易自由，并对其他相关或附带事项作出规定"。保加利亚《保护竞争法》第一条规定："本法旨在保护和促进经济活动中的竞争秩序和经营者自由。"与公平竞争一样，国内学者也多有认为反垄断法旨在促进自由竞争、维护公平竞争的观点（史际春，2008）。

古典自由竞争理论主张完全放任的自由竞争，认为自由竞争下的市场机制是最佳的经济调节机制，国家应当实行放任自由的经济政策，取消政策或法律对私人经济活动的限制监督，反对政府对经济活动的任何干预。显然，这个意义上的自由竞争是国家经济管制政策选择层面上的问题，而非反垄断法价值目标层面上的问题。一般意义上理解，自由竞争是指市场主体可以自由地进行资本投入、转移和商品买卖，实质是自由地追逐剩余价值的竞争（周欣怡，2016）。这个意义上的自由竞争囊括了市场主体参与市场竞争的各个方面，包括准入、投资、运营、交易、退出等等。

如果把自由竞争理解为准入自由，即经营者能够自由进入某些领域或市场，包括资本的投入、转移以及退出等，这属于市场进入障碍或准入管制的范畴。在广义上，市场进入管制也可纳入到竞争政策的范围。竞争政策要求减少政府对市场进入的管制，包括对国外资本进入的管制，也包括对所有资本的进入管制。市场进入管制不属于狭义反垄断法调整的领域，经营者集中反垄断控制制度不可能以此为价值目标。如果垄断行为提高了市场进入门槛，人为设置了市场进入壁垒，则可能损害市场准入意义上的自由竞争。例如，具有排除、限制竞争效果的经营者集中实施后，集中后实体可能人为设置或提高市场进入门槛，妨碍潜在竞争者进入市场，从而损害市场竞争。这是经营者集中反垄断控制制度以至于反垄断法力图避免的情形，但把经营者集中反垄断控制制度追求的目标局限于此，显然过于狭窄了。

如果把自由竞争理解为竞争者的经营和交易自由。经营自由，通常指经营者根据自身和市场情况，确定公司治理结构、人事安排，决定研发、生产和营销安排等等，这似属于企业自主经营权范畴。交易自由，通常指经营者根据自己的利益和意志参与或者不参与，以及如何参与市场交易，这似属合同法范畴。例如，我国《合同法》第四条规定，当事人依法享有自愿订立合同的权利，任何单位和个人不得非法干预。一般认为，合同自由包括当事人有缔结合同的自由、选择合同相对人的自由、决定合同内容的自由、变更解除合同的自由、选择合同方式的自由以及选择补救方式的自由等。显然，以经营自由和交易自由为内容的自由竞争并非反垄断法调整的范畴，更非反垄断法追求的目标价值。尽管经营者的经营自由和交易自由确可能因垄断行为而遭到限制，例如，经营者不得不接受垄断经营者捆绑销售的要求，下游客户或消费者不得不接受集中后垄断实体质次价高的产品或服务。然而，这些内容存在于具体交易之中，发生在经营者与上下游客户之间，而非发生在竞争者之间，似无涉竞争自由问题。

综上，自由竞争，至少上述意义上的自由竞争不能作为反垄断法、经营者集中反垄断控制制度，特别是附条件审批经营者集中的直接目标。传统民法，特别是合同法解决的是形式上的公平和自由问题，反垄断法解决的则是实质上的公平和自由问题。传统民法抽象出不受民族、种族、性别、经济实力等限制的民事主体概念，民事主体具有独立、平等的法律人格，生产者、经营者者、消费者都是民事主体。抽象的民事主体打破了封建专制下的人身特权，是适应市场经济的法律制度设计。然而，随着市场经济的发展、市场力量的集中和垄断的出现，垄断的经济特权出现了。在垄断特权下，尽管仍然维持形式上竞争和契约上的公平和自由，但经营者已无力与垄断者开展实质竞争，消费者已无力讨价还价。垄断披着形式上平等、公平和自由的外衣，无情地嘲弄着现实世界（李剑，2008）。现实呼唤实质上的公平和自由，反垄断法就是公权力对市场进行干预，以实现这种公平和自由的法律工具。通过施行反垄断法，确保市场竞争能够给经营者施加必要的压力，在这种压力下经营者不得不勤勉经营，不得不善待消费者。最终，在经营者、消费者和社会整体之间形成良好的互动和平衡。这种意义上的竞争就是有效竞争。

虽然各国反垄断立法文件中少有规定有效竞争，但更多观点认为，有效竞争是包括经营者集中反垄断控制制度在内的反垄断法律制度的价值目标。有效竞争是美国经济学家 J. M. Clark 针对完全竞争概念的非现实性提出来的。完全竞争理论围绕市场均衡理论和价格理论形成，将完全竞争静态均衡作为理想的市场状态，追求社会福利最大化即帕累托最优。然而，完全竞争理论建立在一系列基本假定之上，包括生产技术不变、需求结构和收入不变、生产者和消费者都是经济人、参与者具有完全信息、生产要素和产品具有完全流动性、供求双方能够对市场变化作出迅速反应等等。这些假定条件太过苛刻，在现实生活中不可能存在，以完全竞争理论为基础的竞争政策在现实经济中根本无法实现（王先林，2018）。20 世纪 50 年代，经济学家 Clark 提出了有效竞争概念，指出"完全竞争"既不存在也不可能，并且可能从未存在，竞争政策的目标应当是使竞争有效，而不必然是完全的，完全竞争既不能达到也不需要，反垄断政策应努力促进有效竞争。即便我们拥有或能够拥有的最有效的竞争形式并不完美，我们也无计可施，因为世界上再没有其他竞争形式（1949）。所谓有效竞争是由"领先行动"和"跟随反应"这两个过程交替构成的无止境的动态的竞争，这样不断交替变换的过程构成了有利于提高社会整体福利的有效竞争（1961）。只有注重追求竞争的有效性，确保经营者之间真正开展竞争，才能发挥市场竞争机制的作用，优胜劣汰，发挥市场最佳配置资源的作用，才能内在地督促经营者不断提高效率，不断创新，提供更优质的产品和服务。尽管公平竞争、自由竞争、正当竞争均有其重要价值和存在意义，但均非反垄断法直接追求的目标，竞争的有效性才是反垄断法一切努力所期望达成的终极效果（王日易，1997）。

事实上，欧盟委员会根据欧盟理事会第 139/2004 号条例和欧委会第 802/2004 号条例发布的《关于可接受的救济措施的通告》（2008 年）就明确使用了有效竞争（effective competition）的概念。通告第 20 段规定，欧委会可以根据条例第 8 条（5）（b）采取适当的临时措施维护有效竞争的条件（maintain conditions of effective competition）；第 22 段规定，如果拟议集中可能严重阻碍有效竞争，除了禁止集中以外，最有效的维护有效竞争（maintain effective competition）的方法是剥离并购方资产，创造条件以产生新的竞争实体或者加强现有竞争者的竞争力；第 45 段规定，委员会不能承担最终无法维持有效竞争的风险（effective competition will not be maintained）。德国意识到完全竞争的主张不现实之后，德国《反对限制竞争法》明确采纳了有效竞争，事实上，该法无论是名称还是内容都表明其反对限制竞争、追求有效竞争。

我国有关的顶层政策和《反垄断法》制度设计强调的也是有效竞争。党的十八届三中全会提出，要使市场在资源配置中起决定性作用。市场能否担此重任主要取决于市场竞争的有效性而非自由性或公平性（叶军，2019）。我国《反垄断法》反对的是排除、限制竞争，此处的排除竞争是导致竞争消失，有没有竞争的问题；限制竞争是导致竞争的范围程度烈度等缩小下降，竞争者之间相互制约、相互促进的效果削弱，竞争的有效性降低。早在二十余年前，我国专家即呼吁，根据我国经济体制改革的目标和现实的市场条件，我国竞争政策和反垄断法的目标模式应当是有效竞争。同时指出，在有效竞争的市场模式下，竞争被视为是一种长期的激励机制，是一个生机勃勃的你追我赶的过程，有效竞争的市场结构不是靠市场自然形成的，而要靠国家有意识地运用政策或者法律进行引导（王晓晔，1998），而反垄断法正是国家主动引导市场处于有效竞争状态下的法律工具。

四、维持竞争、恢复竞争，还是促进竞争

附条件批准经营者集中的目的究竟是维持竞争、维护竞争、保护竞争，还是恢复竞争，这些语义类似又有些许差别的词汇多半源于英文翻译，而并非国产的反垄断法法律术语。由于我国此前没有类似的法律体系，缺乏原产的法律术语，对这些关键英文词汇的翻译，往往很难找到非常合适的中文表达方式。即便找到类似的中文词汇，也需要追根溯源到英文法律术语，以便能更精准地理解其原意，赋予相应中文术语以精准的含义。

美国司法部和联邦贸易委员会的指南文件多使用"preserving competition、restoring competition、preserving or re-creating the competitive status quo、maintain or restore competition"的措辞。例

如，美国司法部反垄断局发布的《合并救济指南》（2011年）在前言中称，反垄断局评估救济措施的主要标准是，一项成功的合并救济必须有效维持相关市场的竞争，这也是合并控制的主要目标。① 此处使用了"preserving competition"的措辞。指南通过脚注方式对该措辞进一步解释：为表述便利，指南全文使用"维持竞争"（preserving competition）的概念，它应当被理解为基于交易的特定事实和提议的救济措施恢复竞争（restoring competition）或提升消费者福利的概念。例如，对那些已经完成的合并，反垄断局将寻求一项有效恢复相关市场竞争（effectively restore competition）的救济措施，包括适时彻底解除交易。② 再如，美国联邦贸易委员会竞争局发布的《合并救济商谈声明》（2012年）在"拟议的剥离"中规定，救济措施应当通过维持或重建竞争状态（preserving or re‐creating the competitive status quo）的方式，立即消除合并产生的竞争问题并将风险降到最低。③ 如果执法人员确

---

① The touchstone principle for the Division in analyzing remedies is that a successful merger remedy must effectively preserve competition in the relevant market. That is the appropriate goal of merger enforcement. See：US Department of Justice, Antitrust Division Policy Guide to Merger Remedies, 2014, p. 4.

② For simplicity of exposition, this Policy Guide uses the phrase "preserving competition" throughout, which should be understood to include the concept of restoring competition or enhancing consumer welfare, depending on the specific facts of the transaction and its proposed remedy. For example, in the case of consummated mergers, the Division will seek a remedy that will effectively restore competition to the relevant market, including, when appropriate, completely unwinding a transaction.

③ Such a remedy will most immediately eliminate the competitive problems created by the merger by preserving or re‐creating the competitive status quo, and it entails the least amount of risk.

定很可能产生反竞争效应,将与各方讨论所了解的情况及其认为可接受的救济措施,救济措施必须包括维持或恢复受合并影响市场的竞争(maintain or restore competition)。①

欧委会则多使用"maintain conditions of effective competition 或 maintain effective competition"等措辞。例如,欧委会根据理事会第 139/2004 号条例和欧委会第 802/2004 号条例发布的《关于可接受的救济措施的通告(2008 年)》第 20 段规定,欧委会可以根据条例第 8 条(5)(b)采取适当的临时措施维护有效竞争(maintain conditions of effective competition)的条件;② 第 22 段规定,如果拟议集中可能严重阻碍有效竞争,除禁止集中外,最有效的维护有效竞争(maintain effective competition)的方法是,通过剥离并购方资产的方式,创造条件以产生新的竞争实体或加强现有竞争者的竞争力;③ 第 45 段规定,欧委会不会采取任何轻率冒险的行动,以确保有效竞争得以维持(effective competition will be maintained)。④

---

① If staff determines that anticompetitive effects are likely, it will discuss with the parties what it has learned and what it believes an acceptable remedy must include to maintain or restore competition in the markets affected by the merger.

② In such circumstances, the Commission may, first, take interim measures appropriate to maintain conditions of effective competition pursuant to Article 8 (5) (b) of the Merger Regulation.

③ Where a proposed concentration threatens to significantly impede effective competition the most effective way to maintain effective competition, apart from prohibition, is to create the conditions for the emergence of a new competitive entity or for the strengthening of existing competitors via divestiture by the merging parties.

④ In such circumstances, the Commission cannot take the risk that, in the end, effective competition will not be maintained.

综合美欧反垄断执法机构的指南文件，竞争的修饰词主要是 preserve、restore、re‐create、maintain 等。Preserve 意指保护、保持、维护、维持……的原状、保持原状；restore 意指修复、恢复、使复原；re‐create 意指重建；maintain 意指维持、保持。各国反垄断执法机构附条件批准经营者集中的前提是，其认为拟议经营者集中具有或者可能具有排除、限制竞争的影响，附条件的直接目的当然是减轻或消除这些反竞争影响，以便在拟议经营者集中实施后，市场竞争不会遭到实质损害。正如有学者主张的，附条件的直接目的是预防竞争条件不当变动，预防有效竞争过度受损（韩伟，2013）。英国竞争委员会 2008 年发布的《合并救济指南》直接反映了这一点，指南指出，如果竞争委员会认为，经营者集中已导致或预期可能导致实质性减损竞争（a substantial lessening of competition，SLC），则需要决定是否采取救济措施，以减轻或防止 SLC 或 SLC 产生的任何不利影响，[1] 委员会将会寻求其认为有效的成本最低、干预最少的解决 SLC 和 SLC 导致的不利影响的救济措施。[2]

综上，所谓维持、保持竞争系指维持、保持拟议集中实施前的竞争状态不因实施拟议集中而遭到实质损害；修复、恢复、复原、重建竞争系指市场竞争因实施拟议集中而遭到实质损害，附

---

[1] Competition Commission of UK., Merger Remedies: Competition Commission Guidelines, 2008, Pra. 1.6

[2] Competition Commission of UK., Merger Remedies: Competition Commission Guidelines, 2008, Pra. 1.7

条件的目的是修复、恢复、复原、重建遭到实质损害的竞争。从这个意义上，维持、保持竞争似乎比修复、恢复、复原、重建竞争更为合适。特别是在我国采取经营者集中反垄断事前申报审查制度，对竞争损害是预先评估得出的，决定附加限制性条件时，竞争损害尚未发生，附加限制性条件是预防可能发生的竞争损害，以维持既有竞争水平不会实质减损，而非恢复、修复已经遭受损害的市场竞争。当然，在事后审查的语境下，由于经营者集中已经实施，竞争损害可能已经发生，采取救济措施的目的是修复、恢复、复原、重建已经遭到损害的竞争。除此之外，在事前申报审查体系下，对未依法申报、未经批准就实施的经营者集中采取救济措施，也可以使用修复、恢复、复原、重建竞争的说法。

促进竞争是否为附条件批准制度追求的目标不无疑问。通常认为，经营者集中反垄断审查的目标，仅限于确保市场竞争不因实施拟议集中而导致水平降低，但并不负有促进市场竞争、通过附加限制性条件提升现有市场竞争水平的使命。从各国有关法律法规和指南文件的规定来看，尚未见有促进或提升市场竞争水平的相关规定。但在个别情况下，反垄断执法机构寻求的不仅是维持集中前的竞争，而是提升竞争水平（凯瑟琳，2013）。

此前，美国反垄断执法机构在具体案例中适用救济措施，不仅追求维持集中前的竞争，还希望促进和提高集中后的竞争水平。例如，在 Robert Bosch GmbH 案[①]中，收购方 Bosch 是 AC-RRR 设备（汽车用空调制冷剂循环存储加注器）的第二大供应商，拥有 10% 的市场份额；目标公司 SPX 是 ACRRR 设备的第一大供应商，市场份额超过 80%。美国联邦贸易委员会认为，拟议集中将消除双方的直接竞争，创造一个市场份额达 90% 近乎垄断的公司，集中后实体可能导致包括汽车修理厂和技术人员在内的消费者为 ACRR 设备支付更高价格。该案和解令（consent decree）要求，Bosch 剥离其 ACRRR 业务有关的资产给其他拥有类似客户群的汽车设备领先供应商，剥离资产须包含相关知识产权及与 ACRRR 业务相关的合同和保密信息。

与此同时，该案和解令还采取了额外的行为救济措施，以解决 SPX 之前发生的与拟议收购无关的问题。此前，SPX 在参加标准制定过程中曾承诺：第一，披露其是否拥有标准必要专利；第二，将这些专利免费授权或按照 FRAND 原则授权。事实上，SPX 参加标准制定前就已发起针对竞争者的诉讼，指控后者侵犯其标准必要专利，SPX 参加标准制定后仍继续该诉讼。联邦贸易委员会认为，SPX 从事反竞争行为，要求 Bosch 公司免费授权这些标准必要专利。通过这些行为救济，联邦贸易委员会似乎不仅希望维持合并前的竞争，而且还要提高合并后的竞争水平。尽管

[①] Analysis of Agreement Containing Consent to Aid Public Comment, In re Robert Bosch GmbH, 77 Fed. Reg. 71, 593（Dec. 3, 2012）, https：//www.federalregister.gov/documents/2012/12/03/2012 – 29031/robert – bosch – gmbh – analysis – of – agreement – containing – consent – orders – to – aid – public – comment

SPX违反FRAND承诺与拟议集中没有直接关系,但美国联邦贸易委员会认为对此进行行为救济是必需的。对违反FRAND承诺要求免费授权的行为救济并不常见,此次Bosch公司不仅要免费授权给剥离资产的买家Mahle,同时还要授权给市场上的其他所有竞争者,确保救济的公平性。联邦贸易委员会认为,鉴于SPX此前反竞争行为造成的市场影响,仅维持现状不可接受。如果SPX遵守了FRAND承诺,其本可以以一定费用授权,现在强制要求Bosch向整个市场免费提供SPX的标准必要专利,可能会使ACRRR市场比合并前更有竞争性。

此外,实行事前强制申报的国家,对那些达到申报标准,未予申报即行实施的,或者已经申报但未经批准或等待期尚未届满之前即行实施的,执法机构有权进行事后查处。如果调查表明存在反竞争影响,执法机构有权责令恢复到交易实施前的状态,或者附加限制性条件。此种情况下,附加限制性条件的直接目标就不再是维持、保持当时的竞争水平,而是使竞争水平恢复到集中实施前的状态。对于那些实行自愿申报、事后申报制度的国家,有些集中交易仍会在实施前申报,但在实施后申报也符合法律规定,只不过事后申报的当事人要承担执法机构反对集中的后果。这些后果包括责令集中恢复到实施前的状态,包括对已经实施的集中附加限制性条件。此种情况下,附加限制性条件的直接目标就是使竞争水平恢复到集中实施前的状态。

五、竞争水平是否必须不低于集中前

附加的限制性条件必须能够解决拟议经营者集中存在的反竞争问题已是各界共识。理论上，只要救济措施能够解决反竞争问题，即可视为达到了维持竞争的目标。拟议经营者集中存在的反竞争问题，各司法辖区的表述略有不同。美国秉承的标准是"实质削弱竞争"（Substantial Lessening of Competition，简称SLC）；欧盟、德国和澳大利亚等早期坚持"导致或强化支配地位"（Market Dominance，简称MD），目前已基本调整为"严重阻碍有效竞争"（Significantly Impedes Effective Competition，简称SIEC）；我国反垄断法采取的是"排除、限制竞争"的措辞。无论是"实质削弱竞争"、"严重阻碍有效竞争"，还是"排除、限制竞争"，都是概括性的描述，缺乏精确的量化指标。

与其说这些描述是经营者集中反垄断审查的标准，倒不如说这只是"目的程式"的原则性规定，因为这些所谓"标准"并没有为市场主体提供一套严格遵循的行为指引（史际春等，2007）。上述表述只体现了立法者意欲追求的目标，而非可以据此明确判断的审查标准，法条本身未能给出明确的答案（史际春和罗伟恒，2019）。在具体实施过程中，通常需要借助一系列经济学工具进行个案分析，并在分析基础上综合权衡利弊，判断是否为反垄断法所容忍。尽管对这种目的程式的案件处理，法律规定了更长的审查期限，更宽松的自由裁量空间，对执法机构及其执法人员的专业素质和品行提出了更高要求，但在判断救济措施是否以及在多大程度上解决了反竞争问题上，仍然具有较大的或然性。事实上，任何一项横向经营者集中都会减少市场上的竞争者，都会对市场竞争产生一定程度的影响，该等影响是否可以为法律和执法机构容忍和接受，只能基于此前和当前的事实预判。如果对市场竞争的影响超出了法律和执法机构的容忍和接受程度，则被视为实质损害竞争，就必须予以禁止或者附加限制性条件。

执法机构接受的救济措施可能有如下情形：一是，救济措施部分解决反竞争问题，虽然拟议集中实施后仍有竞争减损，但属于可以容忍之范围；二是，救济措施能够完全杜绝反竞争问题，拟议集中实施前后，市场竞争状态保持不变；三是，采取救济措施的效果超出预期，尽管拟议集中可能引发反竞争影响，但因采取的救济措施得当，市场竞争状况甚至比拟议集中实施前更好。维持市场竞争作为救济措施追求的目标，恐怕只能作为指导性原则适用，而非用以精确度量的尺子。拟采取的救济措施满足上述哪种情形才符合维持市场竞争的要求，需要综合考虑相关市场的竞争状况、拟议集中可能引发的竞争损害、救济措施消除反竞争影响的可能性等各方面因素，判断拟议集中实施后相关市场的竞争相较于实施前是否为法律和执法机构所容忍。

理论上，"维持竞争"的目标要求拟采取的救济措施，能够使拟议集中实施后的市场竞争水平不低于拟议集中实施前即可。由于在实践中精确地评估测试非常困难，法律不得不给执法机构预留一定的弹性空间。例如，我国《反垄断法》第二十九条规定，对不予禁止的经营者集中，国务院反垄断执法机构可以决定附加减少集中对竞争产生不利影响的限制性条件。该条适用了"减少"，而非"杜绝"或"排除"的措辞，至于能够将"对竞争产生不利影响"减少到何等程度，法律授权执法机构裁量。在具体案件中，执法机构接受的救济措施可能使竞争水平在拟议集中实施后有所降低，也可能前后基本保持一致，还可能比之前有所提高。

对于第二种情形比较容易理解，也最容易为各方接受。对于第一种情形，则要求执法机构全面平衡集中对竞争产生的有利影响以及社会公共利益与竞争水平减损之间的关系，把市场竞争的减损水平控制在可接受范围内；对第三种情形，则存在更多争议，有观点认为执法机构可能超越或滥用了执法权限，侵害了集中当事人的权益。笔者认为，执法机构不应主动追求通过采取救济措施取得比拟议集中实施前更高水平的市场竞争，但执法机构可以接受当事方主动提出的此类救济措施；执法机构也可以在没有更优选择方案的情况下，主动提出此类救济措施；甚至在特别情况下，执法机构基于当前相关市场的竞争状况、集中当事人此前的市场竞争行为等因素考虑，追求更苛刻的救济措施，以使拟议集中实施后市场竞争水平变得更高。[①] 当然，集中当事人可以接受此类更为苛刻的条件，也可以选择放弃交易，或者与执法机构对簿公堂。美国反垄断执法机构办理的 Robert Bosch GmbH 案就是典型的具体案例，在该案中，鉴于 SPX 此前的反竞争行为造成的市场影响，联邦贸易委员会认为仅维持现状不可接受，拟采取的救济措施不仅追求维持集中前的竞争，还希望促进和提高集中后的竞争水平，使相关市场比合并前更有竞争力。从这个角度讲，上述三种情形都符合法律规定。

尽管如此，笔者认为，执法机构不宜积极追求拟议集中实施后更高的竞争水平作为维持竞争原则的内容。主要理由在于：一是，从经营者集中反垄断控制制度创设的初衷来看，采取救济措施的目的，是确保实施拟议集中不会过度减损市场竞争，并未包括通过采取救济措施改善当前市场竞争水平的要求。二是，从我国《反垄断法》的规定来看，附加限制性条件的目的是"减少"集中对竞争产生的不利影响，尽管没有明确规定减少的程度，但毕竟不能理解成为减少负面影响以至于增加正面影响的程度。三是，从经营者集中反垄断控制的逻辑来看，执法机构对拟议集中的竞争影响评估，对救济措施有效性、及时性和可操作性的评估，都建立在一系列假设和预判的基础之上，缺乏明确的量化标准，具有很强的主观性。这对执法能力提出了很高的要求，执法

---

① 从避免法律风险的角度，谨慎的执法机构通常不会主动提出更为苛刻的要求，而是倾向于否决当事方提交的解决方案，迫使当事方主动提出更优方案。

机构试图通过救济措施改善现有市场竞争要谨慎为之。四是，经营者集中反垄断控制制度是公权力合法干预市场的重要手段，其前提是市场失灵，公权力介入市场纠偏。纠偏不需要过正，否则可能导致公权力介入市场过多，不仅没有合理解决市场失灵问题，还可能加剧政府失灵。政府行为的缺陷至少与市场一样严重，自由放任的不足并非任何时候都能由政府干预弥补，后者不可避免的弊端甚至可能比私人企业的缺点更加糟糕（查尔斯，1994）。五是，作为反垄断法的具体制度之一，经营者集中反垄断控制原则上只解决拟议经营者集中带来的竞争问题，相关市场上既存的竞争问题应当由其他制度解决。例如，集中一方当事人是相关市场上具有市场支配地位且滥用市场支配地位的企业，其滥用支配地位的问题应通过禁止滥用市场支配地位制度解决。不能通过禁止经营者集中的方式解决滥用市场支配地位的问题，否则容易造成不同制度间适用范畴的冲突和混乱。

综上，原则上，执法机构应当坚持维持竞争原则，不追求拟议集中实施后更高的竞争水平。从制度设计层面，允许执法机构接受当事方自行提出的更高要求的救济措施；允许当事方拒绝执法机构更苛刻的救济措施提议，并确保当事方通过司法途径的救济权利。在个案办理过程中，执法机构要平衡好原则性和灵活性的关系，谨慎执法、自我约束。

参考文献

[1] 白艳，2010：《美国反托拉斯法/欧盟竞争法平行论：理论与实践》，法律出版社。

[2] 陈秀山，1997：《现代竞争理论与竞争政策》，商务印书馆。

[3] 韩伟，2013：《经营者集中附条件法律问题研究》，法律出版社。

[4] 孔祥俊，2001：《反垄断法原理》，中国法制出版社。

[5] 赖源河，2005：《公平交易法新论》，元照出版公司。

[6] 李剑，2008：《论反垄断法的价值取向》，《法制与社会发展》第 1 期。

[7] 刘继峰，2013：《反垄断法益分析方法的建构及其运用》，《中国法学》第 6 期。

[8] 史际春，2008：《〈反垄断法〉与社会主义市场经济》，《法学家》第 1 期。

[9] 史际春等，2007：《反垄断法理解与适用》，中国法制出版社。

[10] 史际春、罗伟恒，2019：《论"竞争中立"》，《经贸法律评论》第 3 期。

[11] 土田和博，2018：《关于"竞争法保护的是竞争而非

竞争者"之格言》，《竞争政策研究》第 1 期。

［12］王日易，1997：《论反垄断法一般理论及基本制度》，《中国法学》第 2 期。

［13］王先林，2018：《竞争法学（第三版）》，中国人民大学出版社。

［14］王晓晔，1998：《有效竞争—我国竞争政策和反垄断法的目标模式》，《法学家》第 2 期。

［15］王勇，2002：《试析特许经营及其反垄断问题：与国际接轨的又一新兴通道》，《法学家》第 5 期。

［16］吴宏伟、谭袁，2013：《保护竞争而不保护竞争者？—对主流反垄断法观点的审视》，《北方法学》第 4 期。

［17］叶军，2019：《试论我国反垄断定位和对策建议》，《竞争政策研究》第 6 期。

［18］叶卫平，2012：《反垄断法的价值构造》，《中国法学》第 3 期。

［19］于秀林、丁成强，2013：《反垄断法目的之再考量》，《黑龙江省政法管理干部学院学报》第 3 期。

［20］周欣怡，2016：《论自由竞争和公平竞争的区别》，《法制博览》第 5 期。

［21］本杰明，1998：《司法过程的性质》，苏立译，商务印书出版社。

［22］查尔斯，1994：《市场或政府：权衡两种不完善的选择

/兰德公司的一项研究》，谢旭译，中国发展出版社。

［23］理查德，2003：《反托拉斯法》，孙秋宁译，中国政法大学出版社。

［24］Clark, John M. (1949). Toward a Concept of Workable Competition. *The American Economic Review*, 30, Evanston, 1940, 241-250. Repr. in: Readings in the Social Control of Industry. Philadelphia, 452-475.

［25］Clark, John M. (1961). *Competition as a Dynamic Process*, Washington DC: The Brookings Institution

日本反垄断法对于平台经济领域最惠国待遇条款的规制

王　健　余芮雯[*]

(浙江理工大学法政学院)

[内容提要] 日本平台经济领域涉及最惠国待遇条款的相关案件已经出现。实践中，最惠国待遇条款的类型呈现多样化和复杂化的趋势，其对于竞争既有促进作用也有阻碍作用，需要综合评判竞争影响。对于该类案件，日本公平交易委员会一般适用《独占禁止法》进行处理，但该行为属于《独占禁止法》中的哪一具体行为类型，目前暂无定论。对于该条款的违法性认定，应当考虑平台经营者、竞争对手、平台内商品等多个因素综合认定。目前，日本最惠国待遇条款案件的解决方式偏重承诺制度，以该制度解决此类案件有较大优势，但是也有弊端，应当从立

---

[*] 王健，浙江理工大学法政学院院长，经济法研究所所长，竞争法律与政策研究中心主任，法学教授；余芮雯，浙江理工大学法政学院硕士研究生。

法、执法保障等方面完善承诺制度。

[**关键词**] 日本反垄断法；平台经济领域；最惠国待遇条款；反垄断规制

一、引言

最惠国待遇条款（Most Favored Nation，最惠国待遇条款），也被称作"最惠待遇条款"、"最惠顾客待遇条款"等，通常是指契约一方约定给予另一方最有利的交易条件的条款，在某些情况下也包括约定为第三者提供最有利的交易条件的条款。最惠国待遇条款中不仅包括与价格相关的交易条件，也包括数量等各种各样的交易条件。通常来说，买方能因该条款受益，卖方也能因该条款受益。在实践中，买卖双方均有可能提出签订最惠国待遇条款。近年来，随着电子商务的发展，数字平台也开始频繁签订最惠国待遇条款。数字平台的最惠国待遇条款不同于传统的最惠国条款，呈现出复杂多样的特性，对其进行反垄断规制的难度较大。日本平台经济领域也出现了规制最惠国待遇条款的反垄断案例，其经验值得学习和借鉴。

二、最惠国待遇条款的新类型

不同类型的最惠国待遇条款反垄断案件在全球不同国家频频

出现。其中，狭义最惠国待遇条款（即要求平台内经营者不得在自营平台上提供更低价格、更多数量的商品）与广义最惠国待遇条款（即要求平台内经营者不得在其他所有平台上提供更低价格、更多数量的商品）是目前被广为认可且运用最多的分类。从实践来看，基于狭义和广义最惠国待遇条款的分类来分析最惠国待遇条款的模式以及认定违法性已经不能适应现实的需要。日本对于最惠国待遇条款的分类较为新颖和全面，有利于深入分析最惠国待遇条款对竞争的影响以及行为定性和违法性认定。

（一）溯及型与非溯及型最惠国待遇条款

"溯及型最惠国待遇条款"是指交易相对方在之前给予经营者的竞争对手更加有利的交易条件，经营者要求其给予自己与之前相同的交易条件，即具有溯及性。"非溯及型最惠国待遇"是指经营者与交易相对方之间的交易条件并不会溯及至交易之前，即使交易相对方在之前给予经营者的竞争对手更加有利的交易条件，经营者与其签订的条款也不受之前的交易条件的影响。

（二）均等待遇型与追加优待型最惠国待遇条款

"均等待遇型最惠国待遇"是指经营者要求交易相对方给予自己与其他经营者同等的有利条件。"追加优待型最惠国待遇"是指经营者要求交易相对方给予自己比起其他经营者更加有利的交易条件。

(三) 最惠国待遇条款与最惠国待遇条款+

通常的最惠国待遇是指买家或者平台要求卖方给予自己与其他竞争对手相同的交易条件，最惠国待遇条款+（MFN-plus）是指买家或者平台要求卖方给予其他竞争对手更高的价格或者更不利的交易条件。

(四) 价格型与商品型最惠国待遇条款

"价格型最惠国待遇"是指要求交易相对方不得给予其他竞争对手更低的价格。"商品型最惠国待遇"是指要求交易相对方不得给予其他竞争对手不同颜色[①]、规格等更多种类的商品。

(五) 批发型与中介型最惠国待遇条款

"批发型最惠国待遇"是指要求交易相对方给予每个平台相同的批发价格，平台充当再次贩卖者的角色，商品的零售价格由平台自主决定。"中介型最惠国待遇"是指要求交易相对方在每个平台的零售价格相同，并且低于其自营时的价格。[②]

[①] 青木玲子「データ、プラットフォームと競争法への日本の取り組み」2018 年度データと競争政策に関する検討会会議論文。

[②] 和久井理子「フランス、ブッキングコム事件と確約手続き，裁判所による競争制限行為規制及び事業法―オンライン旅行取引分野における同等性条項をめぐって―」2018 年度 CPRC ディスカッション・ペーパー会議論文。

(六) 零售型最惠国待遇条款

上述的最惠国待遇条款与最惠国待遇条款+、溯及型与非溯及型最惠国待遇都是"零售型最惠国待遇"中的分类。最惠国待遇条款一般是指要求交易相对方给予自己最有利的条件，但是也有要求交易相对方给予第三方最有利的条件的情况。例如，平台经营者与平台内经营者约定了最有利的条件，但是买卖是在平台内经营者与消费者间进行的，最惠国待遇条款受益的不是平台经营者，而是消费者。这样的条款就被称作"零售型最惠国待遇"或者"平台间均等待遇"。

上述不同类型的最惠国待遇条款的行为模式不同，违法性也呈现出很大的差别。并不是所有类型的最惠国待遇条款都具有反竞争效果，不能一概而论。溯及型与追加优待型、MFN-plus型的最惠国待遇条款相比非溯及型、均等待遇型、通常的最惠国待遇条款的违法性更大，对于交易相对方的限制和影响也会更大。

三、最惠国待遇条款的竞争影响

最惠国待遇条款具有促进市场竞争与阻碍市场竞争正反两方面的影响。但是，在分析最惠国待遇条款对于市场竞争的影响时，不能将其积极影响与消极影响对立来看。最惠国待遇条款对竞争带来消极影响时，也可能伴随着积极影响。分析该问题时应当进行个案分析，多角度论证。

（一）最惠国待遇条款对竞争的促进效应

1. 缓和平台间的竞争

最惠国待遇条款使得供应商降低商品价格变得慎重，商品间的价格竞争减弱，因此，即使贩卖商品的平台不同，同一种商品的价格也相同，这会缓和平台间的竞争。签订最惠国待遇条款使平台获得"最低价格保证"，在价格方面的竞争不会劣于其他平台，尽管保障了平台经营者的利益，但是通过缓和价格竞争，使得消费者剩余①变低。

2. 保护平台内经营者的利益

从平台内经营者的立场来看，签订最惠国待遇条款后，商品就会维持在较高价格，可以保护平台内经营者的利益。随着平台内经营者收益的增加，会促进现有的平台内经营者的再投资以及新的平台内经营者进入市场，商品的品质会提高，多样性会增加。随着商品品质的提高和多样性的增加，通过间接网络效应，消费者剩余会增加。②

3. 防止其他平台"搭便车"行为

"搭便车"行为是指某些经营者为了推广自己的产品，通过

---

① 消费者剩余是指消费者消费一定数量的某种商品愿意支付的最高价格与这些商品的实际市场价格之间的差额。

② NERA Economic Consulting「平成 24 年度我が国経済構造に関する競争政策の観点からの調査研究」による。

不正当途径使用竞争对手的商业信誉、网站流量等。尽管防止"搭便车"行为是适用传统的最惠国待遇条款的正当化事由,但是该正当化事由也能用于平台经济领域的最惠国待遇条款。[1] 买家与卖家签订合同后,买家就会投入资金、设备等。由于买家投入大量的资金和设备,与卖家的合同就没有那么容易能够解除。这时,卖家与其他买家以更低的价格签订合同就会损害该买家的利益,为了防止这样的情形,就可以在合同中加入最惠国待遇条款。但是不能一概而论。根据欧盟委员会《关于纵向限制的指南》第107(d)条规定,在认定数字平台的投资是被"搭便车"的投资,必须具备三个条件。[2] 第一,投资必须具有关系特定性。对于供应商的投资,如果在合同终止后,供应商不能将该投资用于供应其他客户,且将其出售会蒙受重大损失,则该投资被视为关系特定的投资。第二,该投资必须是短期内无法收回的长期投资。第三,该投资必须是不对称的,即合同一方的投资大于另一方的投资。

4. 减少消费者的选择成本

平台内经营者签订了最惠国待遇条款,其在每个平台内销售的商品价格相同,可以节省消费者在各个平台中进行比价的

---

[1] 土田和博「インターネット取引と垂直的制限」2016年度流通・取引慣行と競争政策の在り方に関する研究会会議論文。
[2] 土田和博「インターネット取引と垂直的制限」2016年度流通・取引慣行と競争政策の在り方に関する研究会会議論文。

时间①。

5. 提高效率

签订最惠国待遇条款后，可以保证在此较长时间内商品的品质和其他竞争对手相同，不会因为市场的变动，需要去与原材料商重新协商交易价格等，也会促进买方和卖方间的共同投资、共同开发。②

（二）最惠国待遇条款对竞争的阻碍

1. 促进价格协调

卖方对买方保证会实施最惠国待遇条款的情况下，卖方不会对个别买方进行降价，因此卖方间的价格竞争会变弱，会促进卖方间进行价格协调。当卖方市场集中度高、卖方签订的是溯及型等范围广的最惠国待遇条款时，进行价格协调的可能性就越大。具有市场力量的几个买方都签订最惠国待遇条款的情况下，签订该条款的买方在市场中的地位越高，促进价格协调的效果越大。因为价格竞争是在卖家间展开的，因此，卖家提出或者积极推进签订最惠国待遇条款会容易产生上述反竞争效果。但是，如果是买家提出或者要求签订最惠国待遇条款，卖家间就会进行价格协调，商品的价格不会降低，这对买家来说是不利的。因此，买家

---

① 公正取引委員会「ICN Unilateral Conduct Workshop Rome 2017BBL 資料」による。
② 本多航、和久井理子「最惠待遇条項と独禁法」法学研究 47 号（2015 年）1 頁以下。

提出或者要求签订最惠国待遇条款不会产生促进协调的消极影响。① 同理，平台经济领域的最惠国待遇条款也会促进数字平台间的价格协调。

最惠国待遇条款具有促进价格协调的效果，从而也会进一步促进价格卡特尔的形成。通常的价格卡特尔是指卖方主导的价格卡特尔。在卖方达成价格卡特尔的合意的同时，达成使用最惠国待遇条款的合意。这样就使得参与价格卡特尔的卖方的价格不能低于"最惠价格"，否则其既违反了价格卡特尔协议，也违反了最惠国待遇条款。也有买方主导的价格卡特尔。这种情况下，买方可以通过对卖方加以"最惠待遇"的义务，从而保证其按照买方决定的价格进行交易。最惠国待遇条款对于价格卡特尔的促进作用，要以经营者原本就已实施价格卡特尔为前提，在经营者将要实施价格卡特尔的情况下，最惠国待遇条款不能作为促进卡特尔的手段。

2. 排除竞争对手

签订追加优待型最惠国待遇条款的经营者相对于其他竞争对手具有价格优势，该经营者可以凭借价格优势达到排除竞争对手的效果。"追加优待型最惠国待遇"可以排除竞争对手是容易理解的，但是"均等待遇型最惠国待遇"也有排除竞争对手的影响。例如，原材料商可以将品质较差的原材料以较低的价格卖给

---

① 本多航、和久井理子「最恵待遇条項と独禁法」法学研究 47 号（2015 年）1 页以下。

其他经营者，但是因为该条款的限制，原材料商不能进行该交易。这样就能排除想要进行低价销售的竞争对手。但是该原材料商要占有相当的市场份额才能达到该效果。是否造成排除竞争对手的负面效果，应当考虑最惠国待遇条款的内容以及实际效果。溯及型以及追加优待型最惠国待遇条款更容易产生排除竞争对手的效果。买方可以查询卖家以何种价格进行贩卖的情况下，最惠国待遇条款更能发挥实际效果，也更容易产生排除竞争对手的效果。[1]

MFN-plus 也具有明显的排除竞争对手的效果。实施 MFN-plus 的经营者通过对交易相对方与竞争对手的交易条件加以限制，使得竞争对手在价格、商品等方面的竞争处于不利地位，以此达到排除竞争对手的效果。

3. 阻止新平台进入市场

因为平台内经营者签订了最惠国待遇条款，所以其他平台就不能通过降低商品价格来吸引顾客，抢夺既存平台的市场份额，从而会阻止新平台进入市场。

（三）最惠国待遇条款对于竞争的影响需要综合评判

最惠国待遇条款的积极与消极影响不局限于上文中所列出的这些影响。最惠国待遇条款的积极影响与消极影响也不是绝对

---

[1] 本多航、和久井理子「最惠待遇条項と独禁法」法学研究 47 号（2015 年）1 页以下。

的。例如，尽管如上文所述，最惠国待遇具有促成价格卡特尔的消极影响，但是其也有阻止价格卡特尔的积极影响。在同一平台中，参与价格卡特尔的其中一个参与者破坏价格卡特尔，擅自进行降价，其他卡特尔参与者也会采取降低价格的措施来维持价格卡特尔，重新获得该经营者的市场份额。但是由于经营者签订了最惠国待遇条款，经营者在每个平台都要进行降价。这样做使得维持价格卡特尔的成本会很高，会阻止价格卡特尔。[①]

并不是所有的最惠国待遇条款都具有反竞争效果。最惠国待遇条款具有一定的负面影响，也不能以此认为该条款就具有反竞争效果。认定该条款具有反竞争效果应当考虑多个因素。例如，最惠国待遇条款未必会阻碍潜在进入者进入市场。对于平台内经营者来说，可以通过一些方式消除最惠国待遇条款的消极影响进入市场，虽然平台内经营者在每个平台的销售价格相同，但是如果某平台收取的平台服务费比其他平台更低的话，会有更多经营者进入该平台。平台内经营者也可以用积分打折的方式来吸引更多顾客。[②] 当新的市场进入者可以通过除价格外其他方法提高竞争力时，最惠国待遇条款不会阻碍潜在进入者进入市场，只有在难以通过商品种类、服务或者技术等进行竞争的市场背景下，新的市场进入者只能通过低价抢占市场，才会阻碍潜在进入者进入

---

① NERA Economic Consulting「平成 24 年度我が国経済構造に関する競争政策の観点からの調査研究」による。
② 大槻文俊「MFN 条項と拘束条件付取引」経済法 56 号（2017 年）1 頁以下。

市场。

认定最惠国待遇条款具有反竞争效果的前提条件是要认定最惠国待遇条款的覆盖范围（即对全体供应商的影响达到何种程度）、平台间的竞争的范围、供应商间的竞争程度。[1] 也要考虑实施最惠国待遇条款的经营者的市场份额、消费者或者平台内经营者是否只使用该数字平台，还是会使用多个数字平台。[2] 还要考虑市场参与者的差别程度。市场参与者的差别化较大（例如，生产成本的差别大）的情况下，最惠国待遇会阻碍新的市场参与者进入市场；市场参与者的差别较小（例如，与现有的平台的商业模式相似）的情况下，最惠国待遇会促进新的市场参与者进入市场。[3]

四、最惠国待遇条款的反垄断分析

日本现有的法律法规并未对平台经济领域的最惠国待遇条款作出规定。对于该类案件，日本公平交易委员会一般适用《独占禁止法》进行处理。但是何种最惠国待遇条款违反《独占禁止法》以及应当将最惠国待遇置于《独占禁止法》中的哪一具体

---

[1] 福永啓太「プラットフォームビジネスをめぐる競争分析の現状と課題」AlixPartners（2020 年）1 頁以下。
[2] 土田和博「インターネット取引と垂直的制限」2016 年度流通・取引慣行と競争政策の在り方に関する研究会会議論文。
[3] 植村幸也「プラットフォームビジネスと最恵国待遇条項」2017 年度競争法フォーラム月例会議論文。

行为类型进行规制，日本国内目前暂无定论。

（一）日本最惠国待遇条款相关案例

日本国内关于平台经济领域最惠国待遇条款的案件已经出现。以下通过三个案例来分析研究目前日本执法机构对该类案件的处理态度。

案件一：2017年亚马逊案。亚马逊自2012年开始与商家签订了包含"最惠国待遇条款"的协议，要求自己平台上的商家提供比在其他竞争网站上更有利的价格和更丰富的商品种类。公平交易委员会认为，亚马逊通过该协议，使自己平台中的商品保持最低价格，商品种类也相比其他网站更加丰富。[①]

案件二：2017年亚马逊电子书案。亚马逊与在自己的网站上发布电子书的出版社签订协议，要求出版社在其他网站上提供的零售价格、批发价格、促销价格、书籍的目录和内容、商业模式等都不得优于提供给亚马逊的条件。公平交易委员会认为该"最惠国待遇条款"限制了出版社的经营活动，扭曲电子书出版商之间的竞争。[②]

案件三：2019年OTA（在线旅游社）三大社案。"乐天旅游""Booking.com""Expedia"三家公司从数年前开始，要求有

[①] 公正取引委員会「アマゾンジャパン合同会社に対する独占禁止法違反被疑事件の処理について」による。

[②] 公正取引委員会「アマゾン・サービシズ・インターナショナル・インクからの電子書籍関連契約に関する報告について」による。

意进驻网站的日本国内酒店提供与其他竞争对手及酒店自家网站最低报价相同的价格,或提供最低价格。公平交易委员会认为"最惠国待遇条款"会损害价格、服务等竞争体系,商家因为签订了该协议,即使没有盈利,也必须都入驻这三个网站。公平交易委员会认为这些公司可能阻碍了公平的价格竞争,扭曲了市场。若其他公司或者酒店接受直接预订时降价变得困难,则价格及服务层面的市场竞争恐不复存在,这也可能不利于消费者。[1]

从上述案件可以看出,目前日本国内平台经济领域关于最惠国待遇条款的案件才刚出现,但是类型较为复杂,案件一中亚马逊签订的是"追加优待型最惠国待遇",案件二中亚马逊签订的条款既包括"价格型最惠国待遇",也包括"商品型最惠国待遇",案件三中三家公司与平台内经营者签订的是"MFN-plus"条款。最惠国待遇条款中的"同等性条件"内容复杂多样,虽然"同等性条件"适用于狭义最惠国待遇与广义最惠国待遇,但是通常平台签订的都是广义最惠国待遇条款。虽然目前日本各种形式的最惠国待遇条款都不断出现,但是目前溯及型的最惠国待遇依然没有相关案例出现。[2]

---

[1] 航空新闻社「公取委、独禁法違反容疑でOTAに立ち入り検査」(2019年4月11日) www.jwing.net.net/news/11810
[2] 大槻文俊「同等性条件の独禁法における違法性——アマズン事件と日米欧のMFN条項規制」2018年度外国競争法研究会会議論文。

（二）最惠国待遇条款的行为定性

上述三个案件，公平交易委员会都认为其构成《独占禁止法》一般指定①中的第12项"附加交易限制条件"，违反了《独占禁止法》第19条的规定。但是，这样是否会使得执法机构在执法时疏于分析经营者违法行为的反竞争效果，而直接适用第19条的规定。例如上文所述的2017年案件一"亚马逊案"是日本公平交易委员会最早公布的对数字平台经营者签订最惠国待遇条款进行调查的案例。由于在尚未收集到充分证据的阶段，亚马逊公司就自发地提出了改善措施，根据公平交易委员会的调查，并不能认定该案中的最惠国待遇条款阻碍公平竞争，具有违法性。在公平交易委员会的调查报告中认为，亚马逊公司的行为构成一般指定中的第12项，违反了《独占禁止法》第19条的规定，是没有证据可以进行佐证的。②

最惠国待遇条款会带来价格卡特尔、排除竞争对手、阻止新平台进入市场等反竞争效果，在最惠国待遇条款带来不同的反竞争效果时，应当如何适用《独占禁止法》和采取怎样的措施，这是一个问题。上述三个案件，公平交易委员会在最后的调查报告中也并未明确指出案件中的最惠国待遇条款造成何种反竞争效果。同时，最惠国待遇条款可能与其他违法行为共同实施，这时

---

① 1982年公平交易委员会第15号公告，将不公平的交易方法分为15项，即一般指定。
② 大槻文俊「MFN条項と拘束条件付取引」経済法56号（2017年）1頁以下。

应当如何适用《独占禁止法》也是一个值得深究的问题。上述三个案件中，实施最惠国待遇的经营者也实施了价格协调等行为，但是公平交易委员会在最后的调查报告中也并没对这些行为作出定性以及给出处理结果。这都证明目前日本执法机构处理平台经济领域最惠国待遇条款的经验还不足，对于该类问题的处理并未明确清晰。

当最惠国待遇条款产生价格卡特尔的反竞争效果时，最惠国待遇条款也符合《独占禁止法》第2条第6项行为的构成要件（①经营者；②与其他经营者共同；③通过限制经营活动；④违反公共利益；⑤实质限制了一定的交易领域的竞争）的情况下，执法机关除了可以禁止经营者实施价格卡特尔行为，也可以禁止经营者的最惠国待遇条款。但是经营者之间并未共同决定签订最惠国待遇条款的情况下，实施最惠国待遇的行为就不违反《独占禁止法》第2条第6项的规定。这种情况下，只有禁止最惠国待遇对于排除价格卡特尔行为来说是必要的，公平交易委员会才能禁止经营者的最惠国待遇条款。

签订最惠国待遇条款促进价格协调的情况适用《独占禁止法》的一般指定的第12项进行规制具有一定的不合理性。目前一般指定的第12项"附加限制条件"是指经营者以对相对方与其交易对象的交易活动不当附加限制条件为条件，与相对方进行交易。认为违反一般指定的第12项，必须以"不当地限制经营活动"为要件。这里指的"不当地"是指对自由竞争造成影响。

对自由竞争造成影响，通常是指，生产商对零售商实施价格限制或者地域限制行为，妨碍相对方的自由的经营活动，降低其竞争力或者要求交易相对方不与特定的经营者进行交易或者不销售特定商品，以此来排除竞争对手或者竞争商品。通常不能仅仅以促进与竞争者之间的价格协调为理由，认为其行为对自由竞争造成影响。适用第12项时，负有最惠待遇义务的经营者即接受附加条件的经营者并不是价格协调中的"协调者"。比如，为了保证生产商的"最惠待遇"，零售商会使用最惠国待遇条款。因为生产商签订最惠国待遇条款后，降低商品价格的可能性减小，生产商之间可能会进行价格协调。但是零售商对生厂商课以实施"最惠待遇"的义务，是零售商对生产商附加限制条件。这样看来，实施一般指定的第12项规定的行为的是零售商，但是结果实施价格协调行为的是生产商，这样适用法律是违背常理的。目前并未出现认为最惠国待遇条款本身违法的事例，其产生的促进协调的作用是间接效果，仅以最惠国待遇条款本身评价其产生反竞争效果的情况很少。因此，以最惠国待遇条款具有促进价格协调作用为由积极地使用《独占禁止法》中的一般指定的第12项进行规制是不合理的。

在认定最惠国待遇条款产生排除竞争对手时，也不能一概适用一般指定的第12条。要达到一般指定的第12项中的"不当"的程度（如前文所述），应当从下列几个方面进行考虑。①最惠国待遇条款是否对经营活动产生重要作用；②是否对占据一定市场份额的交易相对方适用；③最惠国待遇条款是否能够阻止交易相对方对竞争对手降低商品价格（是否为溯及型最惠国待遇条款；因最惠国待遇条款的获益程度）；④是均等待遇型最惠国待遇条款还是追加优待型最惠国待遇条款；⑤行为者的市场地位、与竞争者之间的差距、市场进入难度等有关竞争状况的指标；⑥是否具有促进竞争的效果。①

是否单独实施最惠国待遇条款也会带来适用《独占禁止法》不同法律条文的结果。最惠国待遇条款与其他纵向限制行为（比如转售价格维持行为）共同实施时，违反了《独占禁止法》第2条第9项第4号的规定（对于购买自己商品的交易相对方附加以下拘束条件，构成第9项中的"不公平的交易方法"）。单独实施"零售型最惠国待遇条款"时违反了《独占禁止法》第19条以及一般指定第12项"附加交易限制条件"的规定。②

目前对于产生不同反竞争效果的最惠国待遇条款应如何适用《独占禁止法》进行规制，以及是否单独实施最惠国待遇条款对于适用《独占禁止法》是否会有影响，都没有明确的定论，这会给执法机关造成执法上的困境。日本国内也有新的理论研究认为并不需要强调对《独占禁止法》的不同条文的适用。其认为，目前在日本发生的关于数字平台签订最惠国待遇条款的案件最终公

---

① 本多航、和久井理子「最惠待遇条項と独禁法」法学研究47号（2015年）1頁以下。
② 土田和博「インターネット取引と垂直的制限」2016年度流通・取引慣行と競争政策の在り方に関する研究会会議論文。

平交易委员会都无需考虑最惠国待遇条款违反《独占禁止法》的哪一具体条文的规定，也无需考虑最惠国待遇条款造成的是价格限制还是非价格限制、水平限制还是纵向限制，只需要考虑最惠国待遇条款是否产生不当地排除、限制竞争的问题。[1]

如果认为经营者实施最惠国待遇条款的行为违反《独占禁止法》，就必须全面地分析该行为带来的反竞争效应。在该行为可能带来不同的反竞争效应时，适用《独占禁止法》的哪一具体条文进行规制也会有所不同。而目前对于直接适用"一般指定"中的第12项规制该类行为也具有一定的不合理之处。所以，该类案件不能直接适用《独占禁止法》第19条以及"一般指定"中的第12项进行规制，应当分析个案，选择合适的规制条款。

（三）最惠国待遇条款的违法性认定

从日本对于平台经济领域最惠国待遇条款案件的处理结果来看，日本不同于其他国家，不将该条款认为是横向协议或者是滥用市场支配地位。日本公平交易委员会认为该条款属于纵向限制行为，这是具有合理性的。这就意味着要根据"合理原则"分析该条款的违法性。由于互联网经济发展迅速以及呈现出复杂的发展趋势，在对该条款作违法性认定时，我们认为应当综合多个因素进行考虑。

---

[1] 土田和博「電子商取引における垂直的制限と競争法：コメント」2016年度公正取引委員会 CPRC 国際シンポジウム会議論文。

1. 平台经营者角度

如果最惠国待遇条款系由不具有市场力量的供应商向购买方提供的，一般也较少地会引起反垄断关注。仅为单一的供应商与下游经营者订立了最惠国待遇条款，且该供应商仅占上游市场供应总量的很小一部分，一般不会产生明显的扭曲价格竞争效果。具有市场支配力量的经营者单独或者数个经营者共同实施最惠国待遇条款，造成价格维持或者市场封闭效果时，可能会违反《独占禁止法》。[①] 所以，认定该条款的违法性时，应当考虑实施该条款的经营者的市场力量以及实施该条款的经营者的数量。但是，平台经济的相关市场的划分存在一定难度。在划定平台经济的相关市场时，存在双边市场的问题。双边市场是指数字平台经营者给平台内经营者提供一定的服务的同时数字平台经营者向消费者提供免费服务。分析最惠国待遇条款的反竞争效果，应当在平台内经营者通过数字平台向消费者销售商品的市场（或者由数字平台经营者与平台内经营者构成的市场）即单方市场进行分析。[②]

在欧盟，除了德国和法国禁止了狭义最惠国待遇条款，其他国家的执法机关普遍认为，即使是具有市场支配地位的经营者或者数个经营者协同实施狭义最惠国待遇条款，也是可以被豁免的。但是，日本《关于流通与交易习惯的反垄断法指南》规定，

[①] 公正取引委員会「デジタル・プラットフォーマーの取引慣行等に関する実態調査報告書」による。

[②] 土田和博「インターネット取引と垂直的制限」2016 年度流通・取引慣行と競争政策の在り方に関する研究会会議論文。

关于平台经营者进行的纵向非价格限制行为对竞争的影响，有必要考虑平台经营者之间的竞争状况。同样，在认定最惠国待遇条款的违法性时，也要考虑平台之间的竞争状况。在平台间竞争激烈的情况下，平台经营者仅禁止平台内经营者在自己的网站上提供更低的价格（即狭义最惠国待遇条款）是不违法的，但是平台经营者禁止平台内经营者在不同平台中提供不同的价格（即广义最惠国待遇条款）是违法的，应该被禁止。在平台间的竞争较弱的情况下，对于占支配地位的数字平台来说，对其产生竞争的只有平台内经营者自营的平台（例如预约酒店的平台与酒店自营的直接预定的平台），那么狭义最惠国待遇条款也应当被禁止。① 在认定最惠国待遇条款的违法性的因素中，数字平台经营者之间的竞争状况以及实施该条款的经营者在竞争中的地位是其中尤为重要的两个因素。②

2. 竞争对手角度

在认定该条款的违法性时，不仅应当从平台经营者方面进行考虑，还应当从竞争对手方面进行考虑。首先，应当考虑新的市场参与者的产业技术创新能力。即使具有市场支配力的经营者实施最惠国待遇条款，产业技术创新能力强的新的市场参与者也可以通过技术创新等更新商品，提高自己的竞争力，从而提高自己

---

① 松宫広和「欧州委員会によるデジタル時代のための競争政策最終報告書」群馬大学社会情報学部研究論集 27 巻（2020）169－190 頁。

② 和久井理子「最恵待遇条項・価格均等条項と独占禁止法ープラットフォーム事業者による拘束を中心に」NBL1093 号（2017 年）19－45 頁。

的市场份额。其次，应当考虑竞争对手的数量。平台经济不同于传统的商业模式，消费者在不同平台进行比较商品非常容易。在实施的最惠国待遇条款为一般最惠国待遇条款或者均等待遇型最惠国待遇条款时，竞争对手的数量越多，消费者选择其他平台进行交易的可能性越大。第三，应当考虑竞争对手的商业模式。例如，当竞争对手采取线下加线上的商业模式时，即使实施最惠国待遇条款，但是对竞争对手造成的限制也不大，也会影响违法性的认定。此外，还应当考虑竞争者之间的差异等因素。

3. 平台内商品角度

在认定该条款的违法性时还应当从平台内商品的角度来进行考虑。不同于供货商实施的传统的纵向限制行为，平台经济领域的最惠国待遇条款，是由平台经营者占据主导权的。在考虑该条款的违法性时，应当将各商品品牌内的竞争与品牌间的竞争分开来分析。[①] 还应当考虑商品间的差异和商品的数量。平台内经营的商品差异越大，商品的数量越多，平台内经营者实施最惠国待遇条款造成的反竞争效果就越大，认定违法性的可能性就越高。在考虑最惠国待遇条款是否具有违法性时，还应当考虑其是否只针对特定的商品以及实施该条款的时间长短。

我们在对最惠国待遇条款进行规制时，不能只考虑单个因素，而应当结合多个因素综合考量。例如，虽然狭义最惠国待遇

---

① 公正取引委員会「流通・取引慣行と競争政策の在り方に関する研究会議事概要」による。

在数个欧盟国家是被容许的，但是多个数字平台都采用狭义最惠国待遇条款也可能产生反竞争效果。认定该条款的违法性，应当首先判断该条款是否产生反竞争效果，其次再判断产生反竞争效果后是否限制了竞争的问题。①

五、最惠国待遇条款的解决方式偏重承诺制度

（一）最惠国待遇条款案件的承诺解决

在 2019 年 OTA 三大社一案中，乐天公司于 2019 年 9 月提出，删去该条款并且之后也不会再签订该条款。并且在 2019 年 10 月 25 日，乐天公司承诺在三年内停止要求经营者在"乐天旅游"网站上给出的房间和价格优于其他网站，三年内每年都向公平交易委员会进行报告。这是公平交易委员会首次动用"承诺机制"，接受乐天公司的承诺，未对其作出判罚便终止了对其的调查。在上述案件一亚马逊一案中，亚马逊公司在当时也做出了类似于承诺制度中的承诺，承诺放弃最惠国待遇条款，并且之后也不会签订该条款，之后的三年内每年都会向公平交易委员会进行报告。可以看出，目前适用承诺制度解决平台经济领域的最惠国待遇条款案件是日本反垄断执法机关的常见做法。

通过承诺制度解决平台经济领域最惠国待遇条款案件实际上

---

① 競争政策研究センター事務局「第 13 回国際シンポジウム議事概要」による。

也是各国解决该类案件的一个趋势。对于 OTA 在全球范围内的关于最惠国待遇条款案件中，英国 OFT 在 2014 年接受 OTA 承诺；澳大利亚竞争当局在 2016 年接受 Booking、Expedia 修改 MFN 条款的承诺；法国竞争管理局（Autorité de la concurrence, ADLC）也采用承诺制度，要求经营者承诺限制广义 MFN 条款和狭义 MFN 条款，持相似意见的还有意大利和瑞典；香港竞争委员会也在 2020 年 2 月作出拟接受 Booking、Expedia、携程三家在线旅行社取消 MFN 条款承诺的公告，这是香港竞争委员会首次公告拟接受根据《香港竞争条例》第 60 条作出的承诺。对于亚马逊在全球范围内的关于最惠国待遇条款案件中，欧盟以接受亚马逊电子书承诺解决该案；日本在未引入承诺制度之前，以类似承诺制度的方式结案。

（二）最惠国待遇条款案件承诺解决的优点

日本国内对于有关最惠国待遇条款的案件是否应当适用承诺制度来处理，以及该如何适用承诺制度都有不同的看法。

承诺制度是指在经营者自行制定停止改善计划并经过执法机关认可，以代替禁令和罚款的制度。一旦执法机关接受经营者的"承诺"，就不会再审查经营者是否曾经存在违法行为或者正在实施违法行为，而直接终止审查。在约定期间，经营者未按计划实施，执法机关就会实施禁令或者进行罚款。分析欧盟委员会到目前为止选择适用承诺机制的案件，可以看出在下列三种情况下欧盟委员会通常会选择适用承诺机制。①难以查明经营者的行为是否具有反竞争效果、经营者是否具有市场支配地位以及经营者实施的反竞争行为的影响或者查明需要花费很长时间。②无法明确经营者的行为违反竞争法，而且经营者故意秘密地实施反竞争行为。③经营者对是否适用竞争法抱有疑问或者认为其行为属于例外情况，经营者自愿提出使用承诺制度，使执法机关对其行为作出的变更安排具有约束力。①

对于经营者来说，尽管因该承诺受到的损失较大，但是不需要缴纳巨额罚金。而且，经营者通过承诺制度可以在执法机关作出违法判断之前迅速地终止该案件。相比于罚款，在经营者不承认自己实施了不正当行为时，承诺制度更容易被经营者接受。对于执法机构而言，决定采用承诺制度可以更迅速地对案件作出结论，对于高科技产业等变动快速的特定产业来说，迅速且有效地恢复市场竞争是十分重要的。承诺制度也有助于保证单一市场的良好的竞争环境。对于交易相对方以及消费者而言，适用承诺制度的经营者可以提出合理且具有针对性的解决方案。并且适用承诺制度能够比实施禁令更快地解决问题。②

(三) 最惠国待遇条款案件承诺解决的弊端

承诺制度虽然有许多可取之处，但是承诺制度也会带来一些

---

① 杉本武重「EUの確約制度および制裁金制度の運用」2017 年度会議論文。
② 内閣府大臣官房独占禁止法審査手続検討室「EUの和解手続・確約手続について」による。

隐患。首先，承诺制度可能会导致竞争法性质的变化。适用承诺制度会对作为调查对象的经营者将来的经营活动作出限制。因此，会将竞争法执法的目标由规制过去的违反竞争法的行为转为对经营者将来的经营活动作出"准规制"。其次，依靠承诺制度解决非卡特尔事件，这为涉嫌违反竞争法的企业提供了有效避开制裁和损害赔偿要求的空间，竞争执法程序的威慑作用可能会减弱。第三，对于适用承诺制度的司法审查是十分有限的。司法审查对于适用承诺制度是必要的，被调查的经营者、举报经营者行为的举报者、受经营者行为影响的第三方都可以对适用承诺制度提出司法审查，但是目前为止的所有案例基本上都在适用承诺制度后即结案，对于经营者是否遵守"承诺"，经营者、举报者、第三方都没有提起司法审查。甚至在德国等部分国家，被调查对象自主作出承诺，就视为其放弃诉权，其诉讼地位丧失。最后，适用承诺制度会影响法律的安定性和预测可能性。在适用承诺制度的程序中，详细记载事件和行为的异议告知书等通知会被省略，接受承诺决定书被简化，会造成有关执法透明性方面的问题。[①]

（四）完善承诺机制

根据2015年修订的《独占禁止法》第48条的规定，在公平

[①] 高橋滋、小川聖史「競争法執行手続としての確約手続に関するOECD報告書の概要」一橋法学15巻2号（2016）953—978頁。

交易委员会认为经营者的行为可能违反《独占禁止法》，向其送达载明其行为等的书面通知后，经营者开始向公平交易委员会提出承诺申请。但是，承诺机制应当是以经营者自主提出的承诺为基础进行处理的程序。在欧盟，对经营者的调查开始后，经营者向欧盟委员会提出想要提交承诺协议的意愿后，才会开始适用承诺制度。在今后制定的规定或者指南中，应当明确适用承诺制度必须以经营者自主提出为前提。

在2015年修订的《独占禁止法》中规定的承诺制度没有关于经营者承诺将得到的收益还给利益受损失的第三方或者是愿意被没收（归还收益的承诺）的规定。在美国，明确允许通过承诺制度让获益的经营者将收益归还；在澳大利亚、匈牙利等国家虽然没有在法律上的明示规定，但是在实践中也可以这样运用承诺制度；在欧盟，目前并未承认可以在实践中这样运用承诺制度。经营者通过违反《独占禁止法》的行为获取不合法的利益的情况下，采取禁令或者征收罚款都是合理的，那么通过承诺制度让该经营者归还收益也应当是合理的。

在日本，在公平交易委员会采取禁令后再提起损害赔偿的诉讼很少。在公平交易委员会决定按照承诺制度的程序结案后再提起损害赔偿诉讼的情况下，提起诉讼一方的证明责任将比在采取禁令后再提起损害赔偿诉讼的情况下更重，因此在之后的规定和法律中应当解决这方面的问题。① 根据日本现行关于承诺制度的规定，并没有经营者不遵守该"承诺"对其进行罚款等的制度，因此，承诺制度的强制力还不够。需要将承诺制度作为法律规则固定下来，有必要增加确保承诺有效性的履行费用制度。②

日本《独占禁止法》并未对最惠国待遇条款作出明确规定，该条款的强制力并未有明确的法律规定进行保障。虽然目前日本在一些新公布的法律法规中也写入了最惠国待遇条款③，但是并未对最惠国待遇条款作出详细定义，也并未对如何规制该条款作出详细的规定。在相关法律法规中，应当对最惠国待遇条款以及承诺制度的相关规定作出完善，增强该制度对违法行为的约束力。

参考文献

［1］青木玲子，2018：《データ、プラットフォームと競争法への日本の取り組み》，《データと競争政策に関する検討会》。

［2］和久井理子，2018：《フランス、ブッキングコム事件

---

① 髙橋滋、小川聖史「競争法執行手続としての確約手続に関するOECD報告書の概要」一橋法学15巻2号（2016）953—978頁。
② 泉水文雄「独占禁止法における法形成とエンフォースメントのあり方」法学志林116巻2・3号（2019）85—104頁。
③ 例如：特定デジタルプラットフォームの透明性及び公正性の向上に関する法律案、スタートアップとの事業連携に関する指針。

と確約手続き，裁判所による競争制限行為規制及び事業法—オンライン旅行取引分野における同等性条項をめぐって》，《CPRCディスカッション・ペーパー》。

［3］NERA Economic Consulting，2013：《平成24年度我が国経済構造に関する競争政策の観点からの調査研究》。

［4］土田和博，2016：《インターネット取引と垂直的制限》，《流通・取引慣行と競争政策の在り方に関する研究会》。

［5］公正取引委員会，2018：《ICN Unilateral Conduct Workshop Rome 2017BBL 資料》。

［6］本多航，和久井理子，2015：《最恵待遇条項と独禁法》，《法学研究》。

［7］大槻文俊，2017：《MFN条項と拘束条件付取引》，《経済法》。

［8］福永啓太，2020：《プラットフォームビジネスをめぐる競争分析の現状と課題》，《AlixPartners》。

［9］植村幸也，2017：《プラットフォームビジネスと最恵国待遇条項》，《競争法フォーム月例会》。

［10］公正取引委員会，2017：《アマゾンジャパン合同会社に対する独占禁止法違反被疑事件の処理について》。

［11］公正取引委員会，2017：《アマゾン・サービシズ・インターナショナル・インクからの電子書籍関連契約に関する報告について》。

［12］大槻文俊，2018：《同等性条件の独禁法における違法性〜アマズン事件と日米欧のMFN条項規制〜》，《外国競争法研究会》。

［13］土田和博，2016：《電子商取引における垂直的制限と競争法：コメント》，《公正取引委員会CPRC国際シンポジウム》。

［14］和久井理子，2017：《最恵待遇条項・価格均等条項と独占禁止法—プラットフォーム事業者による拘束を中心に》，《NBL》。

［15］松宮広和，2020：《欧州委員会による「デジタル時代のための競争政策最終報告書」》，《群馬大学社会情報学部研究論集》。

［16］競争政策研究センター事務局，2016：第13回国際シンポジウム議事概要。

［17］杉本武重，2017：《EUの確約制度および制裁金制度の運用》，《CPRCディスカッション》。

［18］内閣府大臣官房独占禁止法審査手続検討室：《EUの和解手続・確約手続について》。

［19］高橋滋，小川聖史，2016：《競争法執行手続としての確約手続に関するOECD報告書の概要》，《一橋法学》第15期。

［20］泉水文雄，2019：《独占禁止法における法形成とエンフォースメントのあり方》，《法学志林》第116期。

［21］土井教之，2017：《両面市場におけるビジネスモデルと競争：わが国ゲーム産業の例》，《経済学研究》。

［22］公正取引委員会，2019：《デジタル・プラットフォーマーの取引慣行等に関する実態調査報告書》。

［23］公正取引委員会，2016：《流通・取引慣行と競争政策の在り方に関する研究会議事概要による》。

［24］航空新聞社，2019：公取委、独禁法違反容疑でOTAに立ち入り検査 http：//www.jwing.net.net/news/11810

十二年垄断协议案件梳理与思考

刘延喜　吴贝纯[*]

（北京市立方（广州）律师事务所，

上海财经大学法学院）

[内容提要] 本文从多个维度分析我国反垄断法施行12年来的垄断协议案件——纵向垄断协议领域有34起行政执法案件、8起民事诉讼，横向垄断协议领域有97起行政执法案件、35起民事诉讼。整体而言，执法机关依法适用"没收违法所得"的比率低，亦很少责令垄断者退还下游经营者或消费者多付的价款；因垄断协议受到损失的主体也很少提起诉讼，请求判令垄断协议参与者承担赔偿责任。为了消减经营者实施垄断协议的动力，反垄断执法机关应依法适用"没收违法所得"，并督促返还受损失方的损失；法官应在反垄断诉讼中积极行使职权调查权；律师可

---

[*] 刘延喜：律师/专利代理师，专注于知识产权法、反不正当竞争及反垄断法。吴贝纯，上海财经大学法学院。

以在反垄断实践中探索代表人诉讼的适用。

[**关键词**] 横向垄断协议；纵向垄断协议；反垄断执法与诉讼

一、引言

垄断协议听起来离我们的生活很远，但是细心观察，它们就在身边。同一行业内的企业集体涨价，既可能是因为原材料供给变化，也可能是因为存在横向垄断协议。同一品牌的所有经销商以相同价格销售同一种产品，很可能是因为品牌生产商固定了经销商的转售价格。

关于垄断协议的规定，《反垄断法》第十三条[①]规定了五种具体横向垄断协议及兜底条款，第十四条[②]规定了固定、限制价格的纵向垄断及兜底条款（又称为"纵向非价格限制"），第十六条[③]禁止行业协会组织垄断。国家市场监督管理总局发布的《禁止垄断协议暂行规定》细化了相关规定。

---

① 第十三条（横向垄断协议）禁止具有竞争关系的经营者达成下列垄断协议：（一）固定或者变更商品价格；（二）限制商品的生产数量或者销售数量；（三）分割销售市场或者原材料采购市场；（四）限制购买新技术、新设备或者限制开发新技术、新产品；（五）联合抵制交易；（六）国务院反垄断执法机构认定的其他垄断协议。本法所称垄断协议，是指排除、限制竞争的协议、决定或者其他协同行为。
② 第十四条（纵向垄断协议）禁止经营者与交易相对人达成下列垄断协议：（一）固定向第三人转售商品的价格；（二）限定向第三人转售商品的最低价格；（三）国务院反垄断执法机构认定的其他垄断协议。
③ 第十六条　行业协会不得组织本行业的经营者从事本章禁止的垄断行为。

本文将分别梳理《反垄断法》2008年8月1日施行至2020年9月30日的纵向垄断协议与横向垄断协议的行政执法与民事诉讼案件，并以此为基础提出笔者的思考与建议。

二、纵向垄断协议

我国《反垄断法》的实施以行政执法为主。在纵向垄断领域，2008年8月1日至2020年9月31日，我国共公布了34起行政执法案件，占比81%，其中仅有海南裕泰科技饲料有限公司不满行政处罚结果而提起行政诉讼，但该原告败诉了。

另外，《反垄断法》施行了12年，仅有8起纵向垄断—民事诉讼案件。

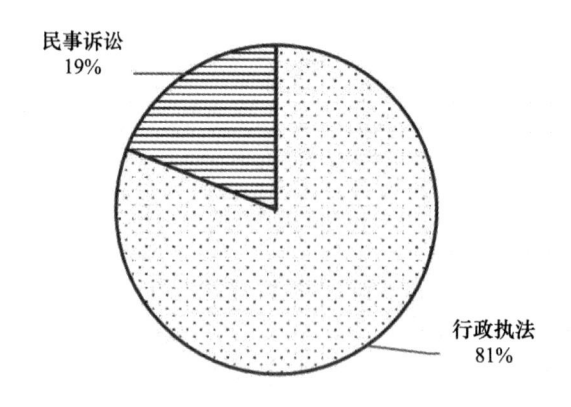

图1 纵向垄断协议案件

(一) 纵向垄断-行政执法

1. 高发行业

在纵向垄断—行政执法领域,汽车行业、眼镜行业、乳业是高发行业。以汽车行业为例,汽车行业纵向垄断案件高发的原因之一是2005年开始施行的《汽车品牌销售管理办法》规定了汽车总经销商制度与汽车销售授权备案制度,赋予了汽车生产商对经销商的强势地位。为了维持较高的利润水平并排除竞争,汽车生产商容易实施固定/限制经销商转售价格的行为。

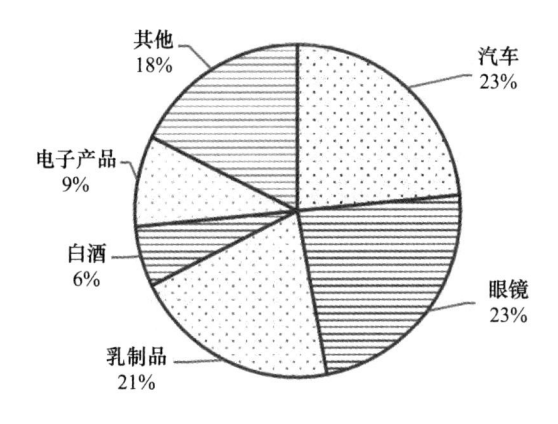

图2 纵向垄断行政执法案件—行业分布

- 其他 18%
- 汽车 23%
- 电子产品 9%
- 白酒 6%
- 乳制品 21%
- 眼镜 23%

高发行业的典型纵向垄断行为如表1所示。

表 1　　　　　　　　　　高发行业的典型案件

汽车行业	梅赛德斯-奔驰（中国）汽车销售有限公司（2015）： 1. 达成限定江苏省内经销商奔驰 E 级、S 级整车最低转售价格的垄断协议 2. 达成限定江苏省内经销商配件最低转售价格的垄断协议 3. 实施限定江苏省内经销商 E 级、S 级整车和配件最低转售价格的垄断协议
眼镜行业	强生视力健商贸（上海）有限公司案（2014）： 与其在全国或重点城市的直供零售商常年统一开展"买三送一"促销活动，相当于各零售商按照生产企业"建议零售价"的七五折销售隐形眼镜片，变相维持转售价格
乳业	上海领鲜物流有限公司案（2016）： 1. 与经销商达成限定向第三人转售商品最低价格的垄断协议 2. 实施限定转售商品最低价格的垄断协议 （1）制定包括经销商出货价、零售价为一体的巴氏杀菌奶价格体系，不定期发布调价通知函，并要求经销商严格执行。如有违反，承担相应处罚 （2）监测市场价格情况，制作市场低价核查报告，保障限价实施

资料来源：作者整理。

2. 处罚结果

34 起纵向垄断—行政执法案件结果，30 起以行政处罚结案，2 起终止调查（"联想案""海昌与海俪恩隐形眼镜案"），2 起免除处罚（"卫康眼镜案""豪雅眼镜案"）。

（1）30 起纵向垄断—行政处罚案中，没有 1 起案件适用了"没收违法所得"

（2）"亿元罚单"频发

罚款超过 1 亿元的，有 11 起案件，占比 33%。

超过 2 亿元的纵向垄断案件为"奔驰案""茅台案""五粮液案""美赞臣案""上汽通用案"。

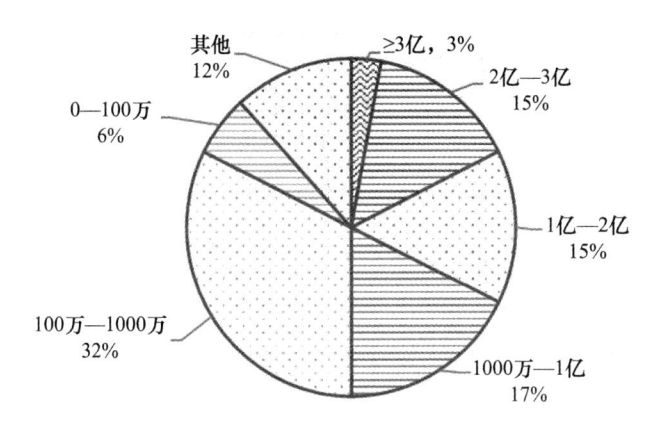

图3 纵向垄断案件—罚款分布

注:"其他"= 2 起免除处罚 + 2 起终止调查。

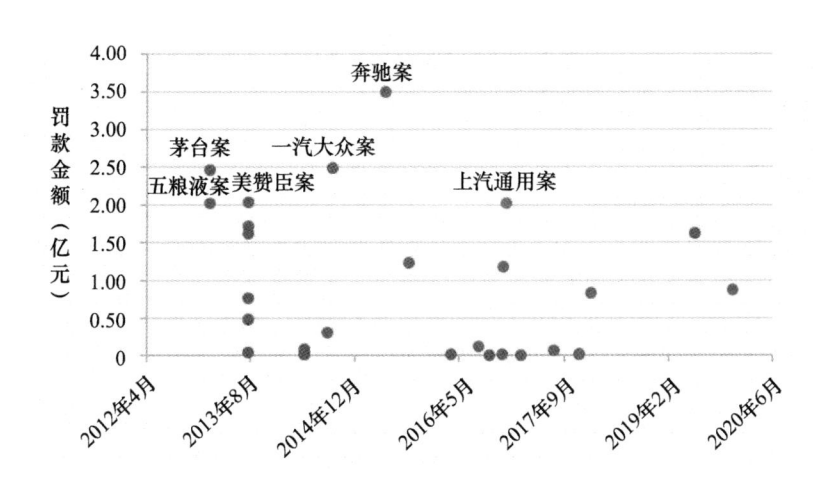

图4 纵向垄断案—罚款金额(亿元)

(3)处罚比例并不高。30起纵向垄断—行政处罚结案中,"海南裕泰案"由于尚未实施纵向垄断协议,不需根据上一年度

187

的销售额的处罚比例进行处罚。其余29起案件的处罚比例的平均值为3%，可见：处罚比例并不高。

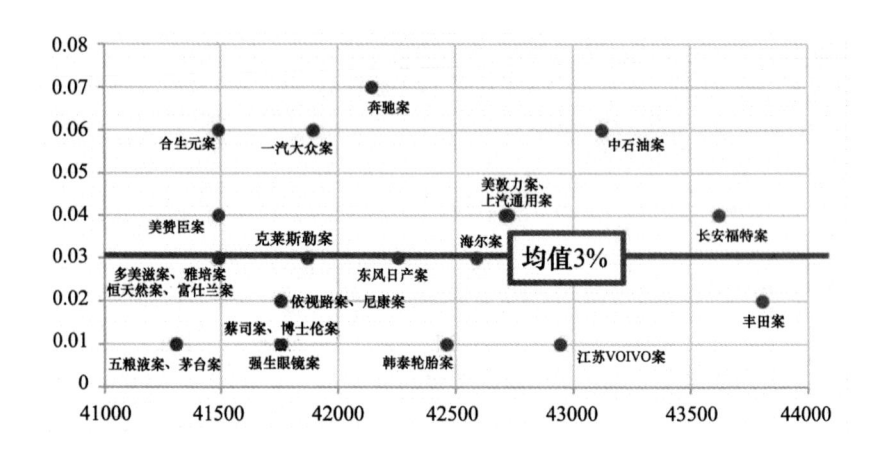

图5 纵向垄断案—处罚比例

被诟病最多的是"五粮液案"与"茅台案"——虽然它们均被罚超过2亿元，但是罚款的计算基数"上一年度的销售额"仅限于四川省、贵州省内的销售额，处罚比例仅有1%，也没有适用"没收违法所得"，很难达到制止违法行为的效果，近些年有迹象表明茅台与五粮液又开始实施纵向垄断行为。

综上，虽然纵向垄断领域"亿元罚单"频发，但基于案件处罚比例不高、至今没有1起纵向垄断—行政执法案件适用了"没收违法所得"，反垄断执法机关还需加强对纵向垄断行为的处罚力度以消减经营者达成纵向垄断协议的动力。

3. 免除处罚

在 34 起纵向垄断—行政执法案件中，豪雅（上海）光学有限公司、上海卫康光学眼镜有限公司由于主动向反垄断执法机构报告达成垄断协议有关情况，提供重要证据，并积极主动整改，依法免除处罚。此处适用的法律为《反垄断法》第四十六条第二款："经营者主动向反垄断执法机构报告达成垄断协议的有关情况并提供重要证据的，反垄断执法机构可以酌情减轻或者免除对该经营者的处罚。"

4. 豁免

依据我国《反垄断法》第十三至第十五条，纵向垄断协议的认定遵循"禁止+例外"，即原则上禁止经营者实施《反垄断法》第十四条的三种行为，除非经营者能够证明①属于《反垄断法》第十五条第一项至第五项情形+②达成的协议不会严重限制相关市场的竞争+③能够使消费者分享由此产生的利益，才能得到豁免。

《国务院反垄断委员会关于汽车业的反垄断指南》进一步指出：纵向价格限制由于具有较强的反竞争性，只能根据《反垄断法》第十五条主张个案豁免；而纵向地域限制与客户限制则根据不同的情形适用推定豁免或者个案豁免——"1. 不具有显著市场力量的汽车业经营者设置的具有经济效率和正当化理由的地域限制和客户限制，通常能够符合《反垄断法》第十五条的规定，可以推定适用《反垄断法》第十五条"、"2. 通常能够限制竞争、导致高价并减少消费者选择的地域限制和客户限制，不能推定适用《反垄断法》第十五条的规定"。可见：我国严格禁止纵向价格限制，一旦发现违法线索则有被处罚的可能性。而对于部分纵向非价格限制则持较宽容的态度。

（二）纵向垄断—民事案件

在8起纵向垄断—民事案件中，仅有"北京锐邦涌和科贸有限公司诉强生（上海）医疗器材有限公司案"的原告诉讼请求得到了法院支持，即，原告胜诉率只有12.5%。

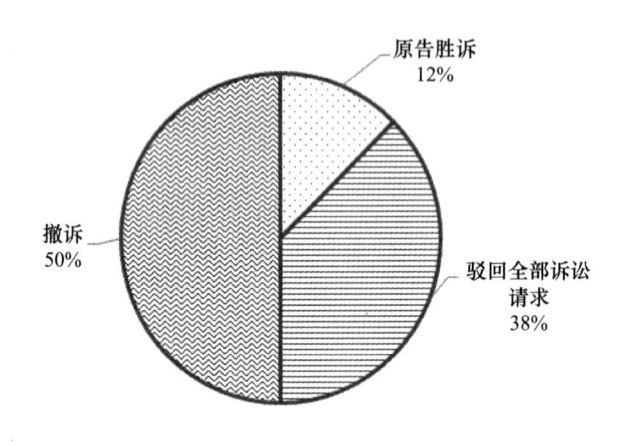

图6　纵向垄断—民事诉讼裁判结果

有3起被法院驳回了全部诉讼请求，笔者对法院驳回原告诉讼请求的原因研究如下：

案件当事人及案号	原告身份	驳回诉讼请求的具体原因
"田军伟诉雅培贸易（上海）有限公司案"：（2016）京民终 214 号	消费者	不足以证明存在固定/限制转售价格条款
"东莞市横沥国昌电器商店诉东莞市晟世欣兴格力贸易有限公司"：（2016）粤民终 1771 号	经销商	所达成的限制最低转售价格条款不具有排除、限制竞争效果，不属于反垄断法第十四条第（二）项所禁止的垄断协议，故晟世公司、合时公司无须承担民事责任
"上海日进电气有限公司诉松下电器（中国）有限公司等案"：（2014）沪一中民五（知）初字第 120 号	经销商	原告主张被告的行为构成横向垄断协议（实际上可能构成纵向垄断协议），经法院释明，仍坚持其请求权基础

三、横向垄断协议

在横向垄断领域，2008 年 8 月 1 日至 2020 年 9 月 31 日，我国共公布了 97 起横向垄断—行政执法案件，37 起民事诉讼案件。

在 97 起行政执法案件中，2 起终止调查，95 起以行政处罚结案。

在 37 起民事诉讼案件中，6 起为"宜宾市砖瓦协会组织横向垄断案"中的停产企业提起的诉讼；23 起为相同经营者提起的域名垄断协议纠纷案件。

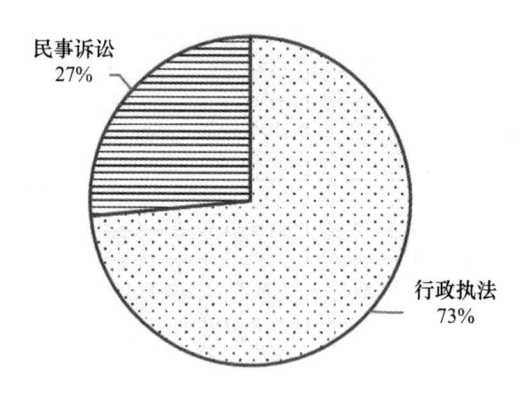

图 7 横向垄断协议案件

（一）横向垄断—行政执法

1. 横向垄断协议的达成方式

在 97 起横向垄断协议—行政执法案件中，60 起案件中的横向垄断协议由行业内经营者自行达成，占比 62%；36 起案件中的横向垄断协议由行业协会召集/组织，占比 37%；另外 1 起案

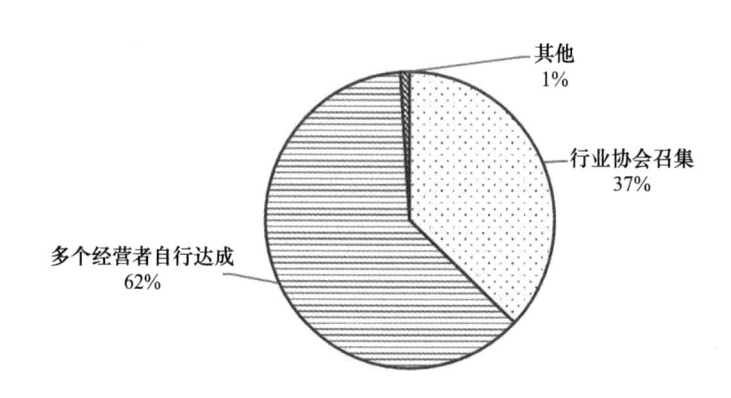

图 8 横向垄断行政执法案件—卡特尔达成方式

件——上海公立医疗机构药品集团采购联盟（GPO）案，该案的横向垄断协议由上海市医药卫生发展基金会组织，但该案已终止调查，占比1%。

2. 行业分布

在横向垄断—行政执法领域，建材行业、保险行业（大部分与新车保险中心相关）、驾校行业、汽车行业、机动车检测行业是高发行业。可见：除了建材行业之外的4个高发行业均与机动车相关。

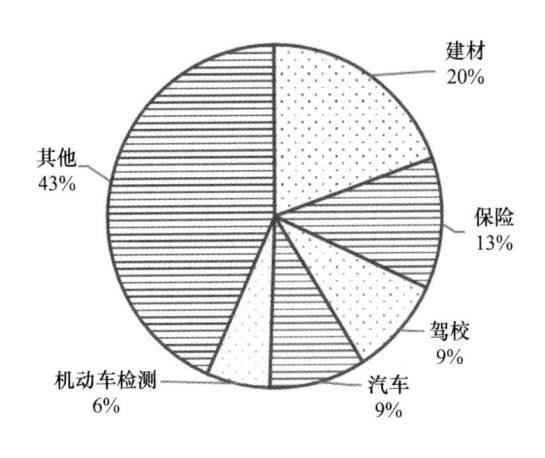

图9　横向垄断行政执法案件—行业分布

建材行业是第一高发行业的原因可能是：建材行业存在成本半径，这导致外地企业难以进入本地市场，身处"熟人社会"的本地企业容易联合达成垄断协议。以"广东省茂名市19家混凝土企业垄断协议案"为例,其行政处罚书披露:"由于混凝土出厂后需要不断搅拌防止脱水凝固,它的运输时间、浇注及间歇时间总和不得超过初凝时间,故运输距离有一定的局限,其辐射范围一般在50公里以内"。

3. 处罚结果

在97起横向垄断—行政执法案件中,2起终止调查,95起以行政处罚结案。

(1) 没收违法所得

在95起横向垄断处罚案件中,11起案件适用了"没收违法所得",案件占比12%。这一点,比纵向垄断领域做得好,但适用比率仍不够高。未来行政执法机关应坚持依法处罚,不断积累计算"违法所得"的经验,使得罚当其过。

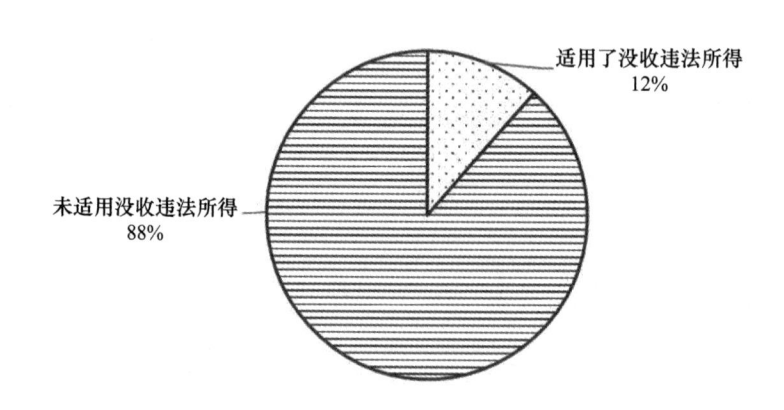

图10 横向垄断案件—"没收违法所得"适用情况

(2) 罚款分布

在横向垄断—行政执法领域，占比最大的案件罚款总额区间为 100 万以内。而案件罚款总额超过 1 亿元的，仅有 7 起案件，占比 7%，这远低于纵向垄断领域的"亿元罚单"的比例。

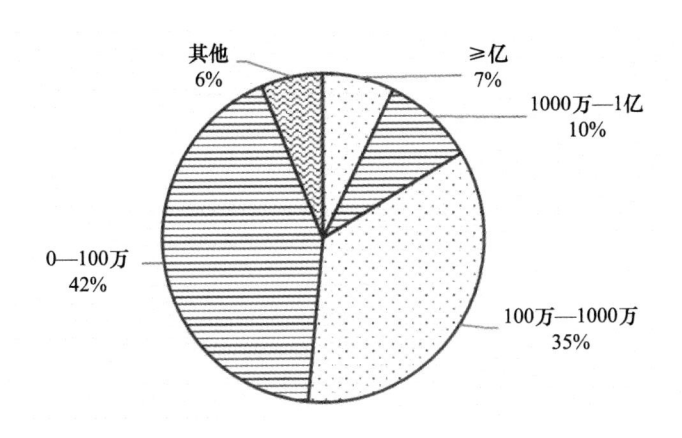

图 11 横向垄断案件—罚款分布

注："x"指每起案件所有受罚者的罚款总额；

"其他" ＝2 起终止调查＋4 起未能得知罚款。

(二) 横向垄断—民事诉讼案件

37 起横向垄断—民事诉讼案件中，仅有 2 起案件的原告获得了局部胜利，得到了"驳回部分诉讼请求"的结果。这两起案件情况如下：

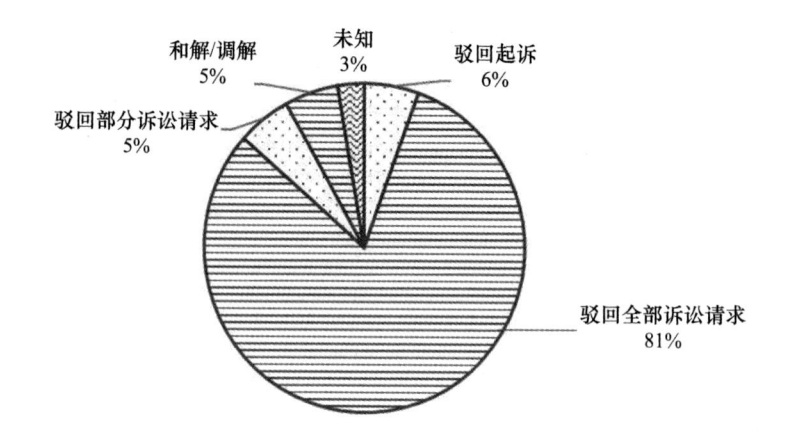

图 12　横向垄断—民事诉讼裁判结果

案件当事人及案号	法院认为
"毛冬军诉李旭东、陈述案"（2019）浙01民初2522号	行为一：限制竞争者参加"淘客"促销活动不会排除、限制竞争，也无其他无效事由，故该条款有效；行为二：限制竞争者销售热胶枪的数量，属于《反垄断法》第十三条第一款第二项内容，应属无效。 160万元款项系针对行为一不参与"淘客"促销活动的补偿，故毛冬军要求返还160万元的主张不能成立。 →驳回了返还160万的请求。
"娄丙林诉北京市水产批发行业协会案"（2013）二中民初字第02269号	《北京市水产批发行业协会手册》中'奖罚规定'第一条、第二条属于价格卡特尔，应属无效； 娄丙林基于销售獐子岛扇贝的预期利益损失与水产批发协会涉案垄断行为并无直接联系。 →驳回了赔偿损失77万的请求。

30起案件被驳回了全部诉讼请求，占比高达81%。这28起案件情况如下：

案件当事人及案号	法院认为
"深圳市惠尔讯科技有限公司诉深圳市有害生物防治协会案"：（2012）粤高法民三终字第 155 号	该行业协会的市场影响力有限，且没有证据证明相关市场的竞争秩序受到了损害→《自律公约》不构成垄断协议； 《自律公约》是出于公益目的，且其没有产生严重排除、限制竞争的效果。即便限制了市场竞争，该行业协会的行为也具有一定的正当性，应得到豁免。
"策勒县顺达公交出租有限责任公司诉策勒县安达客运出租有限责任公司案"：（2016）新民终 84 号	协议本身不能达到垄断目的，不能产生排除、限制竞争的效果。 →不属于垄断协议。
"张洪涛、宋凯飞诉启东市金大生烟花爆竹有限公司等案"：（2016）苏民终 228 号	原告主张自行业协会成立后启东市仅有金大生公司独家经营烟花爆竹批发业务的事实，因证据不足，法院不予认定。
23 起域名案件	被告互联网中心与新网公司在互联网域名注册领域中担负不同职责且处于不同地位，相互之间明显不具有任何竞争关系→不符合横向垄断的主体要件。 无证据可以表明互联网信息中心与与域名注册服务机构之间存在合同关系→法院无法作效力评价。
4 起原告为"宜宾市砖瓦协会组织横向垄断案"中的停产经营者： （2020）最高法知民终 1381 号、（2020）最高法知民终 1371 号、（2020）最高法知民终 1370 号、（2020）最高法知民终 1394 号	损害赔偿请求权的诉讼时效应自其主张的被迫签订横向垄断协议时起算，但原告诉至法院的时间为 2016 年，已经超过了诉讼时效； 横向垄断协议的实施者无权要求该垄断协议的其他实施者赔偿其所谓经济损失——A. 原告并非受损失方，其主张损害赔偿，实质上是要求瓜分垄断利益；B. 原告自身参与和实施违法行为，即便因参与和实施该违法行为而受到损失，该损失亦因该主体自身行为的不正当性而不应获得救济；C. 原告主张损失，实质上是要求强制执行本案横向垄断协议，如果支持原告的诉讼主张，则无异于维持和鼓励该垄断行为。

四、思考

（一）很少责令垄断者退还他人多付价款

根据笔者对横、纵向垄断协议行政处罚书的统计，仅2起案件责令垄断者退还他人多付价款，占比1.6%，这意味着98.4%的案件中的下游经营者/消费者只能通过民事诉讼的方式取回多付价款。这2起案件的情况：在2013年的液晶面板案中，国家发展改革委责令涉案企业（三星、LG、奇美、友达、中华映管、瀚宇彩晶）退还国内彩电企业多付价款1.72亿元[1]；在2014年的链家地产、我爱我家、中原地产三家房地产中介机构统一上调中介费案中，天津价格主管机构要求涉案违法企业向消费者返还差价。[2]

（二）"没收违法所得"适用率低

根据《反垄断法》第46条，实施垄断行为的经营者的行政责任包括三种：①责令停止违法行为；②没收违法所得；③处以1%～10%的罚款，但在实践中反垄断执法机关很少没收垄断者

---

[1] 《六家境外企业实施液晶面板价格垄断被依法查处》，载国家发改委官网，https://www.ndrc.gov.cn/xwdt/xwfb/201301/t20130104_956590.html，最后访问时间：2020年8月23日。

[2] 刘旭：《海尔认罚与格力胜诉：司法与反垄断执法的再度背离？》，载澎湃研究所，https://www.thepaper.cn/newsDetail_forward_1549976，最后访问时间：2020年8月19日。

的违法所得。根据笔者统计，在纵向垄断协议领域，30起行政处罚案件均未对垄断者施以"没收违法所得"的处罚。在横向垄断协议领域，95起行政处罚案中，仅有11起案件适用了"没收违法所得"，案件占比12%；每年适用"没收违法所得"的横向垄断案件稳定在0至2之间，"三合一"改革之后，"没收违法所得"的适用情况也尚未有改善的迹象。

笔者认为，垄断协议案件适用"没收违法所得"比例极低，可能会导致垄断者的垄断收益远远大于罚款金额，行政处罚无法达到惩戒与预防的效果，进而使得更多的垄断协议达成并实施，更多的下游经营者/消费者因垄断行为而受到损害。

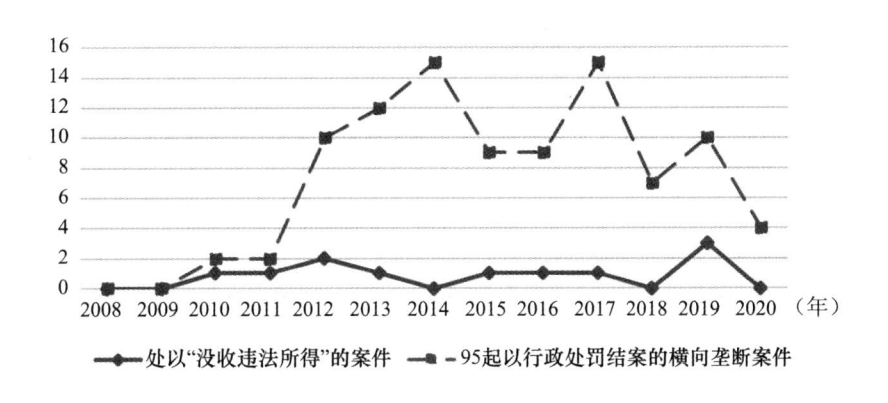

图13 横向垄断执法案适用"没收违法所得"情况

张卫平教授认为，就我国的政府权力体制而言，如果各级地方政府能够很好地发挥其监管职能，那么这些损害中的相当一部分是可以避免的。然而，由于政府职能定位的错位，使得地方政府可能与市场不当追逐利益者形成某种意义上的勾连，使政府的监管职能形同虚设。因此，在逻辑上，当政府不能有效监管时，人们自然会想到借助司法的力量避免和救济所造成的损害，弥补政府失灵所带来的后果。[①] 但是，很遗憾，我国的垄断协议民事诉讼也极度不发达。

（三）垄断协议民事案件数目很少

1. 现状

根据《最高人民法院关于审理因垄断行为引发的民事纠纷案件应用法律若干问题的规定》（以下简称"反垄断法司法解释"）第一条，后继民事诉讼指在反垄断执法机构认定构成垄断行为的处理决定发生法律效力后向人民法院提起民事诉讼。

垄断协议的负面影响极大，每起案件波及数以万计的消费者或下游经营者。当相关当事人因达成/实施垄断协议而被处以行政处罚，理应有很多消费者与下游经营者提起后继民事诉讼请求赔偿，但是我国的实践情况并非如此。

2008年8月1日至2020年9月30日，共公布了34起纵向垄断—行政执法案件，以行政处罚结案的有30起，但是相关的民

[①] 张卫平：《民事公益诉讼原则的制度化及实施研究》，《清华法学》2013年第4期。

事诉讼却只有 8 起，其中属于后继民事诉讼的只有"田军伟诉雅培贸易（上海）有限公司案"——消费者田军伟主张由于雅培公司与家乐福双井店之间的纵向垄断行为，造成了其损失（购买雅培奶粉价格偏高）而请求赔偿损失，经法院审理，法院认为原告不足以证明存在被告之间存在固定/限制转售价格条款，故驳回了全部诉讼请求。

2008 年 8 月 1 日至 2020 年 9 月 30 日，共公布了 97 起横向垄断—行政执法案件，以行政处罚结案的有 95 起，但仅有"宜宾市砖瓦协会组织横向垄断案"在行政处罚决定生效后，有 6 起相关的民事诉讼案件，但这 6 起案件的原告并非消费者，而是横向垄断协议的参与者（签订了停产协议、拿停产补贴的经营者），经最高人民法院审理，认为横向垄断协议的实施者，不是因垄断行为而受到损害的主体，无权要求该垄断协议的其他实施者赔偿其所谓经济损失。即，横向垄断领域，《反垄断法》施行 12 年，尚未出现后继民事诉讼。

2. 经济因素

受到横、纵向垄断协议损害的主体包含下游经营者与消费者，但真正拿起法律武器，提起反垄断民事诉讼的人可谓凤毛麟角。

下游经营者缺乏动力提起反垄断民事诉讼的原因有二：其一，下游经营者举报供应商的垄断行为或者提起反垄断民事诉讼，可能会破坏其与供货商的长期合作关系。正是受到合作关系的牵绊,实践中下游经营者提起的民事诉讼:"强生案""格力案"都是与供应商的合作关系破坏的情况下提出的——"强生案"中的原告锐邦公司先是被取消在部分医院的经销权,继而被完全停止供货;"格力案"的原告则是在被格力公司取消销售奖励,拒批格力新机安装开机授权密码申请,并停供一切物料后提起诉讼。其二,下游经营者可以将垄断者的行为影响转嫁给终端消费者,故经济上缺乏动力提起诉讼。

消费者缺乏动力提起诉讼的原因也有二:其一,单个消费者的损失金额不大,故怠于行使诉权。如,在后继民事诉讼"雅培案"中,原告主张雅培公司的纵向垄断行为使原告多付10.44元。这种小额损失即便设置惩罚性赔偿制度,也很难有效提高消费者积极维权的动力。其二,单个损害与追诉成本及风险不成正比,故受害者对此受损也通常采取理性的漠不关心。[1] 下游经营者与消费者均缺乏动力提起诉讼的结果是,庞大的受害者群体得不到损害赔偿,而实施横向垄断行为的经营者却赚得盆满钵满,导致社会严重不公。

3. 举证责任因素

最高人民法院知识产权庭副庭长王闯认为,审判实践已经充分表明,举证难和证明难是制约中国反垄断诉讼的瓶颈。[2] 笔者将从横向垄断协议与纵向垄断协议的司法实践出发,分析原告的

---

[1] 赵红梅:《经济法的私人实施与社会实施》,《中国法学》2014年第1期。
[2] 王闯:《中国反垄断民事诉讼概况及展望》,《会议综述》2016年3月刊。

举证责任难点。

（1）横向垄断协议民事诉讼中原告的举证责任。《反垄断法司法解释》第七条①规定五类横向垄断协议的举证责任倒置，即横向垄断协议中的原告仅需证明存在被告存在《反垄断法》第十三条第一款第（一）项至第（五）项规定的行为，无需证明行为"排除、限制竞争"，法院即可认定被告的行为为垄断协议行为。这看起来大大降低了原告的举证责任，但实践中原告并未因此而提高胜诉率。在37起横向垄断—民事诉讼案件中，仅有2起案件（"毛冬军诉李旭东、陈述案"、"娄丙林诉北京市水产批发行业协会案"）的原告受益于司法解释的举证责任倒置，涉案行为成功被认定为垄断行为，但这2起案件原告均因无法证明垄断行为与损失之间存在因果关系，而被法院驳回赔偿损失的请求。

（2）纵向垄断协议民事诉讼中原告的举证责任。反垄断法司法解释并未对纵向垄断民事案件设置垄断效果举证责任倒置制度。在此情况下，法院在多个纵向垄断案件中多次强调，"在无法律、法规和司法解释明确规定的情况下，应当遵循民事诉讼法'谁主张、谁举证'的原则，由原告对本案限制最低转售价格协议是否具有排除、限制竞争效果承担证明责任"②。

---

① 第七条：被诉垄断行为属于反垄断法第十三条第一款第（一）项至第（五）项规定的垄断协议的，被告应对该协议不具有排除、限制竞争的效果承担举证责任。
② 广东省高级人民法院（2016）粤民终1771号民事判决书。

在 8 起纵向垄断—民事案件中，仅有"北京锐邦涌和科贸有限公司诉强生（上海）医疗器材有限公司案"的原告诉讼请求得到了法院支持。但随着该案被列为"公报案例"，该案法官对"排除、限制竞争"的分析框架被反复适用（相关市场是否竞争充分、市场地位、主观心态、客观正负竞争效果对比），这一严苛的裁判思路大大增加了原告的举证责任。以下游经销商、终端消费者为例，他们的举证难点如下：

	"强生案"后的举证责任趋势	举证难点
经销商	存在《反垄断法》第十四条的行为；这种行为排除、限制了竞争（首要条件：相关市场竞争是否充分→重要条件：被告市场地位是否强大→被告实施限制最低转售价格的动机→利弊权衡：限制最低转售价格的竞争效果）	由于经销商是纵向垄断协议的相对人，第一步不难证明；但第二步很难证明
消费者		第一步便很难证明

对于经销商而言，由于其经销商是纵向垄断协议的相对人，不难证明存在固定/限制转售价格条款，但是由于在纵向垄断民事诉讼案件中举证责任未倒置，财力弱的经销商们很难证明这些条款具有排除、限制竞争的效果。

对于权益受损的消费者而言，要证明供应商与经销商之间存在纵向垄断协议的难度大——①若供应商已被反垄断执法机构处罚，消费者提起了后继诉讼，但由于行政处罚书对涉案经销商的披露不充分，消费者难以证明供应商与消费者所选择的销售网点之间存在纵向垄断协议;②若供应商未被反垄断执法机构处罚,消费者则更难证明存在纵向垄断协议。

五、建议

1. 行政执法机关应依法使用"没收违法所得",并积极督促当事人返还受损失方的损失。

2. 为了解决消费者/下游经营者与垄断者的举证能力不对等问题,我国反垄断司法实践可以积极探索《民事诉讼法》第五十三条规定的代表人诉讼制度。

3. 考虑到原告的举证能力有限,而垄断协议案件涉及对市场竞争秩序的规范,关系到社会公共利益,人民法院在审理涉及垄断协议案件时,对举证问题不宜像审理普通民事案件一样处于被动地位,可以根据案情需要,主动依职权调取证据。[①] 这有利于弥补辩论主义下原告证据调查能力的不足。具体而言,由于垄断协议的隐秘性,被告很可能会隐藏相关证据,使得原告无法证明垄断行为的存在,进而无法证明其损失与被告行为的因果关系,无法获得赔偿。对于后继民事诉讼案件,法官更应积极行使职权调查权——在必要时,请求反垄断执法机关提供行政执法调查中的相关证据,积极保护垄断行为的受害者的利益。

[①] 广东省高级人民法院(2016)粤民终1771号民事判决书。

参考文献

[1]《六家境外企业实施液晶面板价格垄断被依法查处》，国家发改委官网，https://www.ndrc.gov.cn/xwdt/xwfb/201301/t20130104_956590.html，最后访问时间：2020年8月23日。

[2] 刘旭：《海尔认罚与格力胜诉：司法与反垄断执法的再度背离？》，澎湃研究所，https://www.thepaper.cn/newsDetail_forward_1549976，最后访问时间：2020年8月19日。

[3] 张卫平，2013：《民事公益诉讼原则的制度化及实施研究》，《清华法学》，第4期。

[4] 赵红梅，2014：《经济法的私人实施与社会实施》，《中国法学》，第1期。

[5] 王闯，2016：《中国反垄断民事诉讼概况及展望》，《会议综述》，3月刊。

论中国公平竞争审查制度的完善

王　岩　邹升茂[*]

（东北财经大学法学院）

[内容提要] 公平竞争审查制度作为一种防止出台排除、限制竞争的法规和政策措施，是维护全国统一大市场公平竞争环境的法律制度。从2016年国务院的《关于在市场体系建设中建立公平竞争审查制度意见》，到2017年国家发展改革委员会、国务院法制办、财政部、商务部、工商总局（下文简称五部委）的《公平竞争审查制度实施细则（暂行）》再到2019年市场监管总局的《第三方评估实施指南的公告》在一定程度上遏制了排除、限制竞争法规、政策性文件的出台。但无论从审查对象范围、审查标准，还是审查的方式程序都存在诸多的问题。文章从上述几个方面结合域外的相关规定，探究中国公平竞争审查制度的完善

---

[*] 王岩，女，1963年出生，辽宁大连人，东北财经大学法学院教授；邹升茂，东北财经大学法学院硕士研究生。

建议，以期将公平竞争审查制度落到实处。

[关键词] 公平竞争审查对象；公平竞争审查标准；公平竞争审查程序；公平竞争审查豁免

一、引言

中国的公平竞争审查制度是指为防止政府过度和不当干涉市场公平竞争，对于政策制定机关①制定的相关法规和规范性文件②进行事前审查的制度。该事前审查是指法规、规章和规范性文件出台之前，不经审查不得审议或者颁布。

中国公平竞争审查制度相关立法始于2016年6月，国务院印发的《关于在市场体系建设中建立公平竞争审查制度意见》（下文简称《意见》，为中国建立和实施公平竞争审查制度做出了顶层设计，明确宏观审查的原则、对象、方式、标准、实施步骤和保证措施。2017年10月，国家发展改革委员会、国务院法制办、财政部、商务部、工商总局（下文简称五部委）共同发布了《公平竞争审查制度实施细则（暂行）》（下文简称《实施细则》），该细则从审查机制和程序、审查标准、豁免规定、社会监督、责任追究等方面对《意见》进行了细化和解释。2019年2

---

① 根据《意见》的规定，政策制定机关是指行政机关和法律法规授权的具有管理公共事务职能的组织。

② 根据《意见》的规定，包括政策制定机关制定的行政法规、地方性法规、规章、规范性文件和其他政策措施。

月市场监管总局颁布了《第三方评估实施指南的公告》（下文简称《指南》），建立健全了第三方受政策制定机关委托可以参与市场公平竞争审查的机制。

虽然公平竞争审查在中国对遏制行政权不当干涉市场运行秩序取得了一定的成效，截至2018年全国对31万份新制订文件进行公平竞争审查，修改完善1700余份；对82万份已制订文件进行梳理，清理涉及地方保护、指定交易、市场壁垒的文件2万余份①，但其作为一项要长期执行的制度来说，其诸多方面还是需要完善。本文将从现阶段中国的公平竞争审查制度现实中公平竞争审查对象、审查标准、审查程序与审查豁免四个问题入手，旨在探索完善中国公平竞争审查制度体系。

二、公平竞争审查对象以及完善建议

（一）中国关于公平竞争审查对象的规定及其问题

根据《意见》的规定："行政机关和法律、法规授权的具有管理公共事务职能的组织（以下统称政策制定机关）制定市场准入、产业发展、招商引资、招标投标、政府采购、经营行为规范、资质标准等涉及市场主体经济活动的规章、规范性文件和其他政策措施，应当进行公平竞争审查；行政法规和国务院制定的

---

① 国家市场监督管理总局局长张茅在2018年12月27日市场监督管理总局工作会议上的讲话。

其他政策措施、地方性法规，起草部门应当在起草过程中进行公平竞争审查。未进行自我审查的，不得提交审议"。

从审查对象的效力上看，《意见》规定了两类审查对象，这两类审查对象的区别源于这两类法规、规章和规范性文件通过程序的不同，前者的起草部门与审议部门通常合一，后者的起草部门与审议部门基本分离①，对第一类文件，未经过审查不得公布，对第二类文件，未经过审查不得提交审议。关于政策措施，并非行政法律法规序列上的称谓，政策是指国家或政党为实现一定历史时期的路线而制定的行动准则，措施是针对某种情况而采取的处理办法②，比如"一事一议"形式的具体行动准则和办法等，除非政策措施以规范性文件的形式出台，否则不属于法律法规。

从审查对象的实质内容上看：一是规定的事项为经济管理类事项；二是具有对外效力，可以直接或者间接影响市场主体的权利义务；三是具体涉及市场准入、产业发展、招商引资、招标投标、政府采购、经营行为规范、资质标准等方面的法规、规章和规范性文件。

应该说这样的对象范围充分彰显了竞争政策的地位，已经远远超出了行政诉讼的可诉性的抽象性文件的范围。明确了立法机关维护公平竞争的立法基点。但同时，公平竞争审查对象"法

---

① 时建中：《强化公平竞争审查制度的若干问题》，《行政管理改革》2017 年第 1 期，第 43 页。
② 《现代汉语辞海》，黑龙江人民出版社 2002 年版，第 1368 页、第 191 页。

律"适用的除外,使得公平竞争审查制度有效性大打折扣,终究会使该制度流于形式。

从法的效力上看,中国法的渊源主要包括:宪法,法律,行政法规,地方性法规、自治条例和单行条例、规章等,这些规范性文件为上位法和下位法的关系,《立法法》第九十六条明确规定法律、行政法规、地方性法规、自治条例和单行条例、规章,有下位法违反上位法规定的,由有关机关依法予以改变或者撤销。不能纳入审查的法律处于规范性文件的上位,如果处于下位被审查的规范性文件违反公平竞争原则的并且有上位法依据的,会使公平竞争审查程序处于极为尴尬的境地。首先,公平竞争的市场环境本身就是一个宏观的概念,是就全国统一市场或者全部行业甚至跨行业的语境下才有意义的。而调整这一类关系的法律法规效力层级一般比较高,"法律"会是常有的规范性文件形式;其次,从中国立法的角度看,下位法必须遵守上位法的规定,不得与上位法的规定相抵触相冲突。否则也是不允许出台的。当高位阶的法律违反公平竞争原则的条款时,就会源源不断地产生下位文件,此时仅审查下位法是不会从实质上达到保护竞争的目的。中国公平竞争审查制度不将法律纳入审查范围,难以保证公平竞争审查制度的最终落地。

就这种情况形成的原因,与规定公平竞争审查制度的《意见》本身的地位有关。国务院的《意见》本身并不是行政法规,而仅仅是国务院办公厅下发的其他规范性文件。如此位阶上的其他规范性文件，使得规定的内容和效力均达不到预期的效果。这是深层次的立法层面上的问题。建议重新考虑公平竞争审查制度的法律体系的设立，使公平竞争审查制度融入竞争法体系之中。建议将公平竞争审查制度以法律的形式予以规定。

（二）域外公平竞争审查对象的规定以及启示

对域外各国的公平竞争审查制度的考察不难发现，因各国政治、经济和法律环境的不同，对于审查的内容有较大的差异，有的是将法律、法规、规章和政策性文件都纳入审查范围，有的只是将部分纳入。在笔者查阅的国家①中，大多数国家的公平竞争审查涵盖全部政策法规，荷兰是对立法草案和部门规章进行公平竞争审查；韩国各部委，地方政府和监管机构提出的所有类型的政策和法规都要经过竞争评估，但不包括由总统签署的法律、著作权法、专利法、实用新型专利法、外观设计法、商标法。在查阅国家中有的国家将公平竞争审查作为将市场监管影响评估（RIA）②的一部分从而扩大了其审查范围，如哥伦比亚、意大利、墨西哥等国家。在澳大利亚《联邦宪法》中对地方政府的干预竞争行为进行了规制。

域外国家的公平竞争审查范围的确定，欧洲国家是基于其所

---

① 19个国家包括：澳大利亚；保加利亚；哥伦比亚；欧盟；芬兰；法国；希腊；意大利；韩国；日本；墨西哥；俄罗斯；西班牙；瑞典；瑞士；英国；美国；中国；新加坡。
② RIA是审核新规章的一套非常正规的方式，以确保规章达到其确定的政策目标。一般而言，RIA的目标是确保规章制度的收益将超过其成本。

建立的宪法—竞争法—公平竞争法律审查的体系，使得竞争法的"经济宪法"之称真正体现，因此部分国家将公平竞争审查内嵌到竞争法中，从而提高公平竞争法律位阶，从而扩大公平竞争审查范围，如意大利在《竞争法》第24条中规定竞争主管部门有权对制定法律、条令或政府规范性文件中的条款对竞争造成扭曲，或者影响了市场的正常运行的议会或者政府机构发出通报，同时，就如何消除上述条款对竞争带来的不利影响，向议会提出意见或建议。

（三）完善中国公平竞争审查对象的建议

公平竞争审查的意义在于否定政府制定的不合理干预市场竞争的公共政策，必须尊重法治原则，不能违背法律确定性或者超位阶执法，中国无论是《意见》和《实施细则》，都是其他规范性文件或部门规章，法律效力低，无法对法律、法规进行有效的审查。国家市场监督总局价格与反不正当竞争局在《公平竞争审查读本》中规定：重新制定、修订具体行政行为所依据的行政法规、规章、规范性文件时，需要对这些上位法或者文件进行审查，但这是远远不够的，还是没有突破既定的审查范围。从这个角度看，公平竞争审查制度是依靠行政强制力推行的政府政策，审查范围仅仅涵盖于政府机关制定的法规与文件，为了公平竞争审查制度的有效实施，必须赋予其合理的法律位阶与法律实施体系，明确其在法律体系中的地位，将其法制化来保证其有效实施。

笔者建议,在《反垄断法》第八条中规定"行政机关和法律、法规授权的具有管理公共事务职能的组织不得滥用行政权力,排除、限制竞争",是事后救济,而公平竞争审查是事前救济,故而在第8条现有内容前添加一款,"与市场经济活动的法律、法规、规章、规范性文件和其他政策措施未经公平竞争审查不得颁发"这样符合立法技术与逻辑要求。在第五章"滥用行政权力排除、限制竞争"章节中嵌入公平竞争审查制度,以使得公平竞争审查制度真正地成为《反垄断法》的有效组成部分。

三、中国公平竞争标准的完善

(一)中国公平竞争标准的规定及其存在的问题

《意见》从维护市场统一和公平竞争两个维度,明确了中国公平竞争审查制度的基本标准为排除、限制竞争标准[1]。为便于操作,将包括市场准入、退出标准,商品要素自由流动标准,影响经营生产成本标准和影响生产经营行为标准等四大类18个方面的禁止性规定作为具体标准。《实施细则》将18项具体标准细化成50项二级标准,进一步明确概念,更具体地列举禁止的内容。

但在基本标准上缺乏扭曲竞争的标准[2]。公平竞争审查制度

---

[1] 此基本标准的确定源自于《意见》三之(四)的例外规定而做出的判断。
[2] 东北财经大学于左研究员率先提出了中国现有公平竞争审查制度仅有对排除、限制竞争相关规定,缺少对扭曲竞争的相关规定,应当将"扭曲竞争"的相关规定补入中国的公平竞争审查制度,纳入公平竞争的审查范围。

的目的就是要保护竞争，那么对政府不合理干预竞争的行为的禁止则应是公平竞争审查制度的应有之义，因此公平竞争审查制度就应对政府的行政行为是否对市场竞争造成直接或者间接损害进行全面审查。既应当将排除、限制竞争的影响作为公平竞争审查的原则，也不能忽视政府公共政策对竞争过程的扭曲，对市场竞争造成的间接影响。例如相关企业的竞争优势并非源于技术、创新和商业偶然等市场本身的内在因素，而是源于政府的补贴等政策，不对其进行规制是难以保证市场公平竞争秩序的建立的[1]。

（二）域外公平竞争标准的规定以及启示

经济合作与发展组织（OECD）在《竞争评估工具书：原则》第一章的"竞争评估和竞争核对清单"中将限制竞争的标准行为划分为4大类15小项，其中第四类规定了对消费者可获得信息及其选择的限制[2]。在《欧盟运行条约》第107条第一款中规定禁止任何形式的国家援助[3]，进而扭曲欧盟内部或者成员国内部市场的竞争和贸易，故在欧盟国家援助本身就是被禁止的行为。欧盟认为无论何种性质的国家资源援助，只要基于某些特定经营者或者商品以优惠，就会扭曲市场竞争或者威胁扭曲市场

---

[1] 张占江、戚剑英：《反垄断法体系之内的公平竞争审查制度》，《竞争政策研究》2018年第2期

[2] 包括（1）限制消费者的选择能力；（2）通过直接或间接增加更换供应商的成本来限制消费者选择供应商的自由；（3）根本上改变消费者进行高效购买所需的信息。

[3] 国家援助行为包括，补贴、税收优惠、低息贷款、特许经营、减免社保等行为。

竞争，就应被禁止。

在新加坡将政府参与到市场竞争的影响分为直接影响和间接影响，直接影响是指政府作为市场上买方或卖方，以及政府采购所产生的影响，间接影响是指政府制定法规、利用自身影响力促成行业合作和税收与补贴政策。无论是直接或者是间接参与市场，只要违反了新加坡竞争法第34条中禁止制定阻止、限制或扭曲新加坡境内企业竞争的协议，该行为就会被禁止，除非该行为会带来超额收益。

（三）完善中国公平竞争审查标准的建议

排除、限制竞争是指政府对参与市场竞争的主体资格、营业范围等的竞争条件加以限制，或者为特定企业实施反竞争行为提供便利，使得其在市场上排除竞争或者给予其竞争优势；扭曲竞争是指政府在税收、债务、公共服务核算等方面给予特定企业政府援助，或在政府采购中违反公开、透明、无歧视的要求，给予特定企业竞争优势。不同于排除、限制竞争的成本直接可测，扭曲竞争的间接成本很容易被忽视，因为它对市场的影响一般在中长期内才可能出现，这些对竞争的扭曲行为同样会给消费者、企业甚至政府带来高昂的代价。在政府—法律—市场体系内，政府不直接干预市场机制运行，但强调市场自身的在资源配置的作用，反对制定扭曲市场竞争的政策法规，在域外国家基于大量的事例与研究将公共投资、税收优惠、社会保险优惠、收入的再分配，补贴等扭曲竞争的行为视为政府不当干预市场竞争的行为[①]。

故而，应将中国公平竞争审查制度相关的文件中的"排除、限制竞争"修改为"排除、限制和扭曲竞争"，并在《实施细则》第一章总则中添加排除、限制和扭曲竞争的概念条款。

四、中国公平竞争审查程序设计的完善

（一）中国公平竞争审查程序规定及存在的问题

审查主体为政策法规制定、起草机关。《意见》中将"行政机关和法律、法规授权的具有管理公共事务职能的组织"统称为"政策制定机关"和"行政法规和国务院制定的其他政策措施、地方性法规的起草部门"一同确定为审查主体。在《实施细则》中明确规定，中国公平竞争审查的主体是政策制定机关或者是由政策制定机关指定的特定机构统一负责。《指南》中规定受政策制定机关委托，并且利害关系方以外的第三方组织机构[②]和受各级公平竞争审查工作联席会议办公室委托第三方评估机构可以作为公平竞争审查主体。

[①] 澳大利亚1993年的《希尔墨报告》与新加坡 *Government and Competition：A Toolkit for Government Agencies（Toolkit）* 都有表述。

[②] 第三方评估机构，是指与政策制定机关及评估事项无利害关系，且具备相应评估能力的实体性咨询研究机构，包括政府决策咨询及评估机构、高等院校、科研院所、专业咨询公司、律师事务所及其他社会组织。

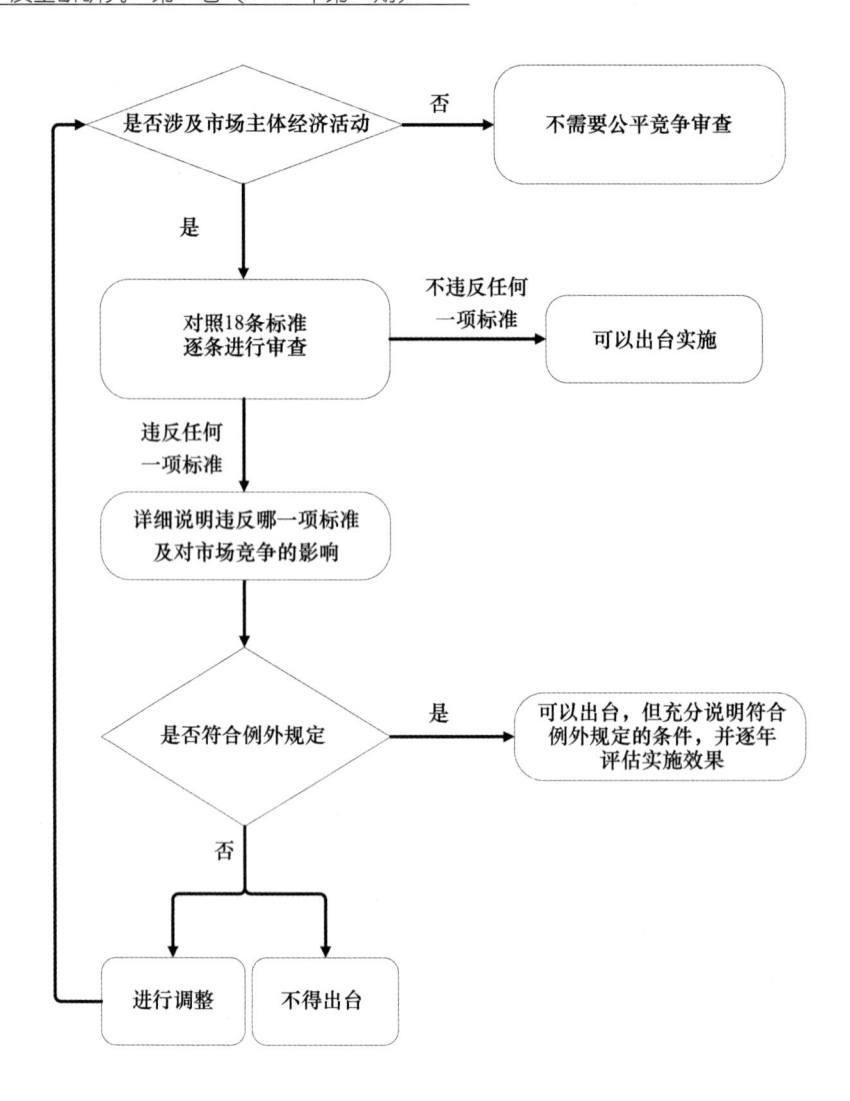

```
                    ┌─────────────────────┐   否    ┌──────────────────┐
                ──▶│ 是否涉及市场主体经济活动 │──────▶│ 不需要公平竞争审查 │
                │   └─────────────────────┘        └──────────────────┘
                │            │ 是
                │            ▼
                │   ┌─────────────────┐  不违反任何  ┌──────────────┐
                │   │  对照18条标准    │──一项标准──▶│  可以出台实施 │
                │   │  逐条进行审查    │             └──────────────┘
                │   └─────────────────┘
                │            │ 违反任何一项标准
                │            ▼
                │   ┌─────────────────┐
                │   │ 详细说明违反哪一项标准│
                │   │ 及对市场竞争的影响   │
                │   └─────────────────┘
                │            │
                │            ▼
                │   ┌─────────────────┐   是    ┌────────────────────────┐
                │   │ 是否符合例外规定  │────────▶│ 可以出台，但充分说明符合  │
                │   └─────────────────┘         │ 例外规定的条件，并逐年    │
                │            │ 否                │ 评估实施效果            │
                │      ┌─────┴─────┐             └────────────────────────┘
                │      ▼           ▼
                │  ┌──────┐    ┌──────┐
                └──│进行调整│    │不得出台│
                   └──────┘    └──────┘
```

图 1　公平竞争审查基本流程①

审查模式，《意见》中明确规定中国的公平竞争审查模式为自我审查。

---

① 《公平竞争审查制度实施细则（暂行）》附件一。

审查流程，在《实施细则》中规定了公平竞争审查流程"三步走"，首先判断制定的政策措施是否需要进行公平竞争审查，然后将政策措施的具体内容逐一核对公平竞争审查标准，并对违反标准的，进行具体的市场竞争分析，最后判断是否适用豁免。同时要向利害关系人或者向专家学者、法律顾问、专业机构或者社会公众公开征求意见，并且要形成书面审查结论，填写《公平竞争审查表》。

从中国公平竞争审查程序规定看存在以下的问题。

1. 自我审查模式难保结果的公正

根据《意见》明确的审查流程，政策法规的制定起草机关进行自我审查后即可做出最终结论。虽然自我审查能够保证中国快速地将浩瀚的存量文件审查完毕，但是自我模式下的公平竞争审查没有经过第三方的监督评估是难以保证公平公正的。因为，通常部门、地方政府执政过程中倾向于追求自身和短期效益（包括政治的和经济的），带有部门或者地域利益保护的反竞争政策或者财政补贴性质的扭曲竞争政策，往往能够在短期内刺激地区经济快速发展，更重要的是国家实行分税制改革后，地方政府为保证财政收入，倾向于制定地方保护政策。而此时地方政府通过自我审查会"合法"制定更多的限制市场竞争的政策[1]。从根本上

---

[1] 在2018年6月至10月，国家市场监督管理总局会同有关部门，随机选择辽宁、黑龙江、广东、广西、新疆等5省区开展重点督察，抽查了相关单位2017年以来出台的175份文件，发现其中30份存在违反公平竞争审查标准或者程序的问题，其比例高达17.12%，由此可见地方政府缺乏审查动力。

使公平竞争审查制度流于形式。市场监督总局虽然制定了《公告》来指导第三方评估，但是评估的事项是由政府决定的，机构的选择是通过政府招标选择的，这就意味着政府有了选择的余地，未必能保证第三方审查的公正。况且，第三方评估并不是第三方监督，中国外部监督程序仍是空白。

2. 具体程序上的欠缺

对于审查程序的规定是十分原则的，三步走也仅仅是宏观的步骤。根据《实施细则》创设的联席会议制度，目前只有在"政策制定机关开展公平竞争审查时，对存在较大争议或者部门意见难以协调一致的问题"且联席会议认为有必要时才会召开联席会议[①]。但是联席会议的具体议事规则，表决方式尚为空白。而且由于市场监督管理总局的挂牌，原来的发改委、商务部和工商总局实际上其已失去了联席会议审查的基础——反垄断执法权。

（二）域外公平竞争审查程序及启示

经合组织建议竞争审查包含两个阶段，第一阶段是初始审查和更详尽的第二阶段审查。如果第二阶段的审查表明对竞争影响的范围和规模都很大，可以考虑进行由政府专业机构及与国家竞

---

① 国务院已批准同意，公平竞争审查工作部际联席会议召集人为国家市场监督管理总局局长，办公室设在国家市场监督管理总局，以联席会议名义对地方政府的公平竞争审查成果进行督查。

争机构合作进行的外部审核。

韩国的公平竞争审查是"内部审查+外部审查"。韩国公平竞争审查的主体是总理办公室下属的一个部级部门—公平贸易委员会（KFTC），其不受其他政府机构影响独立工作。任何部门打算制定新法规都要事前通知KFTC，KFTC采用了类似于经合组织《竞争评估工具书》中描述的两步竞争审查程序。在改革现行限制竞争法规，KFTC会从特定行业的内部和外部，收集对监管法规的意见，并由此发现，法规是否对市场竞争施加了过多的限制，并与相关部门就改进计划进行了磋商。在存在垄断或者寡头垄断的市场，KFTC会主动调查该市场的内部结构，根据调查分析的结果，KFTC会向有关部门要求改进限制竞争的法规。

欧盟是由竞争委员会总司（Directorate – General for Competition）负责执行欧盟国家援助规则[①]，农业和农村发展总司以及海事和渔业总司分别处理农业和渔业部门的竞争问题。欧盟成员国的国家援助事先必须向欧盟委员会通报，成员国必须等待委员会的决定后才能实施[②]。

澳大利亚的公平竞争审查程序是参照经合组织制定的，是

[①] 《欧盟运行条约》第107条、第108条和第109条规定具体审查程序规定。
[②] 强制申报例外（1）集体豁免所涵盖的援助（对委员会确定的一系列援助措施给予自动批准），（2）少量援助，任意3个财政年度年，每个企业补贴不超过200000欧元（在公路运输部门100000欧元）或（3）根据委员会已批准的援助计划给予的援助。如果发现授权的援助被滥用时，委员会还可以开展正式的调查程序。

由地方政府在《国家竞争政策立法检查指南》[①]指导下进行自评[②]，如果审查问题具有国家层面的竞争产生影响则由澳大利亚政府理事会负责深入审查。澳大利亚政府为了推动改革的进展，与地方政府达成改革协议，地方政府做出执行国家中立政策的承诺，并且在改革初期对地方政府造成的税收等损失，由国库拨款来弥补。这就是澳大利亚政府的自我审查的激励机制。

域外公平竞争审查程序对中国有一定的启示。

1. 审查主体的独立性与权威性

公平竞争审查制度的制定、修改与执行[③]主要由反垄断执法机构统一负责。在笔者查找的19国中，只有日本、新加坡和中国的公平竞争审查完全不是由竞争执法部门执行公平竞争审查制度，其中日本是由总务省执行，新加坡和中国是由政策制定机构来审查。因为公平竞争审查专业性极高，审查职能向反垄断法执法机构集中，使得专业的人做专业的事，提高执法质量；且反垄断竞争执法机构是独立于政策制定机构，其保证在审查中的中立地位，提高执法的权威性。

[①] 应国家竞争委员会的要求，由澳大利亚国际经济中心撰写，该指南提供了进行立法检查的一些实际性的帮助，如何参加该项计划、如何最佳地辨别对竞争的限制以及如何审查它们的成本和收益。

[②] 填写《立法检查纲要》——为每项政府立法检查计划提供扼要的信息，包括立法的名称、负责该立法的机构和部长、对该立法检查的描述和评论以及检查开始和终止的日期。

[③] 反垄断机构不是立法部门，其有向立法部门充分反映其意见，参与立法过程，确保法律向有利于竞争方向发展的责任。

表1　　　　　　　　　执行公平竞争审查的主要机构①

	国家
竞争执法机构②	保加利亚；哥伦比亚；欧盟；芬兰；法国；希腊；意大利；韩国；墨西哥；俄罗斯；西班牙；瑞典；瑞士；英国；美国
其他机构	澳大利亚；日本；新加坡；中国

2. 审查模式的科学性

政策制定部门出于利益的考量，在制定公共政策中倾向于放大自身权力，减少义务。赋予其公平竞争审查的权力，可能使得其将不合理的公共政策合法化。为了制衡该情况，域外国家会选择外部审查或者内部加外部审查，将立法权与审查权相分离。

同时，涉及市场运行秩序，市场力量分配的公共政策，其蕴含着巨大的经济利益，往往是各方势力的博弈点。博弈各方因立场的不同，会对政策做出不同的解释。为了合理公正地解释"公共利益"，域外国家倾向于将竞争执法机构作为判断是否符合"公共利益"的裁判员，以及制定各种手册来指导公平竞争审查

---

① 多数国家的公平竞争审查是通过多部门协调进行的，本处的机构是指承担公平竞争审查职责的主要职责的部门。

② 希腊公平竞争审查应由各部委或希腊政府的总秘书处承担的，但是在实践中，其尚未承担公平竞争审查的职责；意大利中央政府进行的市场监管影响评估（RIA）的评估内容，包含公平竞争审查，故而中央政府或其直属的各部门也可以进行公平竞争审查；俄罗斯于2012年通过的公平竞争审查计划－发展竞争和改进反垄断政策计划（Development of competition and improvement of antimonopoly policy）中规定了俄罗斯的联邦反垄断局（FAS）和其他联邦行政机关是共同执行者；在英国是由竞争和市场管理局（CMA）、财政部与商业、创新和技能部（BIS）合作进行公平竞争审查；在美国主要是由司法部的反垄断局进行竞争审查，联邦和州的法院也可以就诉讼中涉及的政策法规进行竞争审查。

的工作以求统一的执法标准。

表2　　　　　　　　　公平竞争审查的模式

	国家
外部审查	欧盟；芬兰；希腊；意大利；墨西哥；俄罗斯；瑞士；英国；美国
自我审查	新加坡；中国
外部+自我	澳大利亚；保加利亚；哥伦比亚；法国；韩国；日本；西班牙；瑞典

3. 自我审查的激励制度

制定新规章制度的政策制定者有隐瞒潜在竞争问题的动机。一方面，对潜在竞争问题的确认或者和外部机构比如监管监督人或竞争机构进行讨论和咨询，只会给他们带来更多的工作量而没有任何效益；另一方面，所制定的政策本身就是代表其自身的利益，因此提高竞争审查的积极性和主动性是非常重要的。域外各国保证各级政府落实公平竞争审查主要通过将公平竞争审查纳入市场监管影响评估和财政奖励，比如，澳大利亚政府对于地方政府造成的税收等损失，由国库拨款来弥补。

（三）完善中国公平竞争审查程序的建议

根据中国现实的国情，保证公平竞争审查实施的有效性，完善中国公平审查程序的总体思路是：建立"初步审查+深入审查"的二次审查模式，以法规政策制定起草机关初步审查，反垄断执法机构深入审查，外部全程监督，同时建立审查激励机制的方案。

1. 初步审查

初步审查是由法规、政策起草制定机关以及其选定的第三方评估机构按照公平竞争审查的具体标准对即将颁布的法规、政策进行初步审查，如果不涉及市场竞争政策，则直接颁布实施或者提请审议，如果涉及市场竞争政策，则再交由公平竞争执法机构进行深入审查。

初次审查的启动，由法规政策制定起草机关制定起草法规和政策文件时，或者地方政府委托第三方评估时一并启动。政策制定机关应对照审查标准逐条进行调研论证，逐项排查，识别出排除、限制、扭曲竞争的法规和公共政策。对存在疑虑不能确定的主动征求地方反垄断执法机构的意见，进行充分协商，最终得出审查报告。

经过初审得出结论：不具有排除、限制、扭曲竞争、可能具有排除、限制、扭曲竞争和明显具有排除、限制、扭曲竞争三种结果，并将审查报告一并提交同级反垄断执法机构。初审后不具有排查、限制和扭曲竞争的文件和所有的审查报告须按照《政府信息公开条例》向社会公开。

对存在明显审查错误的，应由反垄断执法机构进行深入审查。

2. 深入审查

深入审查将对由法规、政策起草制定机构提交的经审查"可能和明显具有排查、限制和扭曲竞争"的法规、文件，或者反垄断执法机构主动抽查的文件①，或者是由外部监督提出的初步审查具有明显错误的法规、文件进行。

深入审查的启动由同级市场监督管理局进行。将市场监督管理局作为公平竞争审查执法机构。联席会议作为公平竞争审查初设阶段的过渡产物，如果将这一"临时应急"机构转为常设机构，完善其基本空白的工作规章制度、协调各方利益的成本巨大。而且，市场监督管理局作为中国国务院机构改革后的新设部门，其诞生的意义就在于全面统一完成对市场竞争的保护任务。这一安排也是具有法律依据的，《反垄断法》第十条规定："国务院规定的承担反垄断执法职责的机构（以下统称国务院反垄断执法机构）依照本法规定，负责反垄断执法工作。"公平竞争审查是反垄断执法工作的重要环节。事实上，中国公平竞争审查一直也是由市场监督管理总局下属的价格监督与反不正当竞争局所牵头运行的。因此，应明确市场监督管理局作为公平竞争审查的执法机构。市场监督总局将总领中国公平竞争审查工作，对法规、政策制定起草机关提交的文件进行深入审查。

市场监督管理局在初步审查的结果上，对接受审查的法规、政策文件的竞争影响的具体类目和程度，以及可能限制竞争因素的成本和收益进行定量分析以及量化经济分析以判断该政策是否

---

① 通过主动抽查的方式倒逼政策制定部门有效施行自我审查。

是对竞争产生的影响，没有影响则可以通过实施或提请审议，否则需要退回并提出改进意见。深入审查应将审查结果按照《政府信息公开条例》向社会公开。

在进行深入审查时不排除执法机构的审查错误，故而，有必要在此阶段引入申诉程序，即对于不予实施的法规、政策性文件，起草、制定主体均有权向审查机构申诉，申诉时需提供足够证据证明其政策的合法性，深入审查主体需在适当的有限的时间内进行复审，并将复审依据和结果向相关主体通报。

3. **外部监督**

外部监督是指社会公众、新闻媒体、反垄断执法机构和其他行政部门，在信息公开后，可以向法规、政策起草制定机关和反垄断执法部门提出书面意见，相关机构必须做出书面回答的机制。另外，对于已经公布允许实施的法规、政策性文件和需要定期评估的政策性文件，如遇市场环境发生改变，文件实施的条件发生改变，社会公众、新闻媒体和其他行政部门等外部监督人员机构可以及时向公平竞争审查机构反馈。

外部监督主体为社会公众、新闻媒体和其他行政部门。在一定意义上说反垄断执法机构也是初步审查的外部监督主体。外部监督不仅要参与到法规、公共政策制定中的公平竞争审查，而且尤其要对公共政策实施后的长期效果跟踪监督，最终确定法规和公共政策向正确的方向不断靠近。

外部监督应成为市场监督总局公平竞争审查工作的有力协

助，而不是地方政府进行公平审查任务的替代者。

4. **审查的激励机制**

首先，将公平竞争审查落实成果与地方政府政绩考评挂钩。中国官员的晋升很大一部分基于其政绩，在地方政府政绩考评时根据公平竞争审查制度执行结果，对官员政绩考核评分进行加减，在此过程中既完成了对官员的对公平竞争审查制度执行的奖惩，而且会督促、鞭策地方政府积极开展公平竞争审查工作，利于公平竞争审查落地。

其次，也是十分重要的是对于部门、地方政府在做出法规和政策性文件时，执行国家中立政策的承诺，并且在政策实施初期对部门利益或者地方政府造成的税收费用等损失，由国库拨款来弥补。虽然短期内拨款相对加重了中央政府的财政负担，但改革的顺利推进，市场竞争的公平开展，会使得更多经济行为的发生增加了财政税收收入，中央政府因此获得了大量的足以弥补补贴的财政收入。

五、中国公平竞争审查豁免制度的完善

（一）中国公平竞争审查豁免制度规定及存在的问题

在公平竞争审查适用豁免对象方面，无论是《意见》还是《实施细则》均作了相同的表述，包含四个方面：维护国家经济安全、文化安全或者涉及国防建设；为实现扶贫开发、救灾救助等社会保障目的；为实现节约能源资源、保护生态环境等社会公共利益；法律、行政法规规定的其他情形。

在适用条件上，需要符合三个条件：实现政策目标必然会限制竞争，且所带来的效益效率足以抵消限制竞争造成的损失；选择对市场损害最小的方案，且该方案的实施不会严重排除、限制市场竞争；有明确的实施期限，且制定机关要逐年对实施的效果进行评估，要求制定机关应将政策措施是否应被豁免和逐年的评估结果形成书面说明。

从中国的规定看公平竞争审查豁免制度存在一定的问题。

1. 豁免对象表述不尽科学

中国公平竞争审查豁免包括三个方面：国家利益、社会保障和公共利益。将社会保障与公共利益并列显然不尽合理。社会保障作为一种制度性安排，无论其在学术观点还是法律规定中，都不可能与国家利益和社会公共利益并列。《反垄断法》第十五条规定："（四）为实现节约能源、保护环境、救灾救助等社会公共利益的"，此处社会公共利益明显将社会保障所涵盖。2019年8月26日通过，于2020年1月1日起实行的《中华人民共和国土地管理法》在列举公共利益时也将社会保障列入公共利益之中[①]。可见，将国家利益、社会公共利益和社会保障相并列，不

---

① 《土地管理法》第四十五条规定："为了公共利益的需要，有下列情形之一，确需征收农民集体所有的土地的，可以依法实施征收：……（三）由政府组织实施的科技、教育、文化、卫生、体育、生态环境和资源保护、防灾减灾、文物保护、社区综合服务、社会福利、市政公用、优抚安置、英烈保护等公共事业需要用地的；（四）由政府组织实施的扶贫搬迁、保障性安居工程建设需要用地的。

尽符合法的一致性原则。

2. 豁免条件缺乏弹性

主要表现在忽视地域性差异。在中国各个不同地区之间在财政收入、人文环境、自然禀赋是存在差异的。这些差异的存在使得各个地区拥有不同的比较优势产业。在中国公平竞争审查制度"一道切"的大前提下，会限制经济落后地方政府引导地方企业选择比较优势产业以提高地方竞争力促进经济可持续发展，从而加大其摆脱落后的难度。

3. 回避了产业政策的豁免问题

公平竞争审查的核心目的是为了维护市场公平竞争，对于制定政策的部门来说，应以保护竞争为原则，政府干预为例外。豁免条款作为平衡竞争政策目标与政府其他政策目标的产物，不应仅对涉及保障国家利益、社会保障和社会公共利益三个方面的其他目标进行豁免，产业政策作为一项重要的政府政策，与竞争政策的协调平衡，一直是反垄断法面对的一个难题。因而，公平竞争审查不能回避二者的协调问题，这一内容恰恰应当体现在豁免制度上。

（二）域外公平竞争审查豁免制度及启示

经合组织借助 RIA 框架下的成本收益分析法对竞争核对清单中的具体情形的豁免进行分析，只有其收益大于成本时才会被豁免，经合组织对各国竞争法中规定的豁免内容态度是"应该重新审视竞争机构和竞争法的有效性和适用范围,必要时应对此加以强化。如果缺乏公共利益不能得到更好的体现的证据,应该完全取消竞争法豁免"。

欧盟对国家援助提出豁免,但规定了豁免具体情形:包括完全豁免的:比如授予个人消费者具有社会性质的援助,条件是该援助不会受到与有关产品来源有关的歧视;协助弥补自然灾害或特殊事件造成的损害等。还规定了相对豁免的,比如鉴于其结构,经济和社会状况,有助于促进生活水平异常低或有严重就业不足的地区的经济发展;协助促进执行欧洲共同利益的重要项目或纠正成员国经济的混乱;促进文化和遗产保护,而这种援助不与欧盟利益相悖等等。

韩国竞争法规定:本法不适用于依照其他立法或总统令设立的事业或行业协会的合法行为;著作权法、专利法、实用新型专利法、外观设计法、商标法项下的合法权利的行使。

澳大利亚在审查指导原则中规定:立法(包括法令、法令、条例或条例)不应限制竞争,除非可以证明:该项限制对整个社会的好处,超过成本并且只有限制竞争,才能达到法律的目标。

可见,域外公平竞争审查豁免制度对中国的公平竞争审查制度具有一定启示。

欧盟都在公平竞争审查完全豁免内容与相对豁免内容中,体现了欧盟在平衡地域发展差异,缩小贫富差距的想法。公平竞争审查的豁免应为更好的促进竞争，而不是赋予特定主体竞争优势。在市场发展的特定阶段会出现具有绝对优势的公司，如三星公司生产的 OLED 屏幕具有极强的上下游整合能力，其占有市场份额高达 90% 以上。美国能源部曾对 Litecontrol、Plextronics、InnoSys 和 Universal Displays 四家本土企业进行巨额拨款补贴以支持其在 OLED 上开发，以期望其能有效的参与市场竞争，故而豁免的最终目的依旧是保护竞争。

（三）完善中国公平竞争审查豁免制度的建议

1. 科学界定豁免的种类

一方面，中国公平竞争审查将社会保障内容归入社会公共利益中以符合中国立法一致性原则，将"为实现扶贫开发、救灾救助等社会保障目的"和"为实现节约能源资源、保护生态环境等社会公共利益"合并"为实现节约能源资源、保护生态环境和社会保障等社会公共利益"。

2. 产业政策的豁免

产业政策是国家制定的，引导国家产业发展方向、引导推动产业结构升级、协调国家产业结构、使国民经济健康可持续发展的政策[1]，通常通过行政手段赋予特定产业市场竞争优势以加快特定企业的发展最终促进行业优势建立，或者通过"大基建"等

---

[1] 陈世清：对称经济学术语表（十八），大公网，2016-11-14.

方式在更广阔的范围建立市场。在短期以及局部来看产业政策经市场公平竞争造成的损害远大于收益，但是产业政策在市场长期运行和一国经济优势确立方向把控有着不可替代的作用，尤其是前期需要大量资本投入的产业，如5G产业和跨区域、跨国家的市场建立，如一带一路、港珠澳大湾区建设。

公平竞争审查制度明确了竞争政策相较产业政策的统领地位，但是，随着我国产业升级和日趋复杂的经济结构以及贸易保护主义抬头产业政策将对市场健康发展发挥重要作用，我国应通过公平竞争审查制度建立竞争政策与产业政策的沟通协调机制[①]，对产业政策进行审查豁免。

可以豁免的产业政策包括：国务院制定的产业政策，因其只能由全国人大来进行审核纠正，故理当被豁免。除国务院之外，其他行政部门制定的产业政策，根据《宪法》第一百一十条规定原则上都应当报送相关执法机构批准[②]。

3. 严格豁免程序

首先，将豁免制度嵌入公平竞争审查程序中，直接由反垄断执法机构进行深入审查，来判断其对市场竞争产生的影响，如果收益大于成本则可以实施，否则需要退回并提出改进意见。其次，及时公示公平竞争审查豁免内容，保证将豁免政策影响的对

[①] 朱凯：《对我国建立公平竞争审查制度的框架性思考》，《中国物价》2015年第8期。
[②] 丁茂中：《论我国公平竞争审查制度的建立与健全》，《竞争政策研究》2017年第2期。

象可以及时地获知该信息。再次，纳入执行外部监督范围，豁免的政策作为公平竞争审查制度的一部分，应接受外部监督。最后，丰富救济通道，除了向竞争执法机构举报不合法不合理的豁免制度以外，也应尝试法院针对该政策提起行政诉讼，后者需要突破中国目前无法对抽象行政行为提出诉讼只能审查的立法现状。

六、结论与建议

本文研究的主要是聚焦于公平竞争对象、审查标准、审查程序与审查豁免四个方面，以解决其现实运行中的问题为出发点，通过对域外国家与地区在公平竞争审查制度的研究与运行的先进经验的总结，并与中国的公平竞争审查制度现状进行对比，结合中国现实的国情，提出完善中国公平竞争审查制度的思路。本文经过研究与分析后得出以下结论：

1. 中国应赋予公平竞争审查制度合理的法律位阶与法律实施体系，明确其在法律体系中的地位，将其法制化来保证其有效实施。

2. 中国公平竞争审查标准应将扭曲竞争纳入抽象审查标准，并将对消费者的保护纳入审查标准。

3. 中国应确立公平竞争审查制度的"事前审查"的地位，明确市场监督总局作为公平竞争审查制度执法机构，并构建"初步审查+深入审查"的两步审查结构，同时加强外部监督。

4. 中国的公平竞争审查豁免要科学界定豁免种类，在特定条件下灵活豁免内容，确定产业政策的豁免，还应当构建豁免制度程序，并与审查制度程序相衔接。

参考文献

[1] 丁茂中，2017：《论我国公平竞争审查制度的建立与健全》，《竞争政策研究》第2期。

[2] 耿启幸，2018：《公平竞争审查制度的现实困境和本土化实践—基于内部审查制的思考》，《发展改革理论与实践》第6期。

[3] 黄勇，吴白丁，张占江，2016：《竞争政策视野下公平竞争审查制度的实施》，《价格理论与实践》第4期。

[4] 焦海涛，2019：《公平竞争审查制度的实施激励》，《河北法学》第3期。

[5] 李国海，2007：《反垄断法公共利益理念研究——兼论〈中华人民共和国反垄断法（草案）〉中的相关条款》，《法商研究》第5期。

[6] 李靖堃，2017：《欧洲经济宪法的发展及其对共同市场的规制-以自由竞争与自由流动为例》，《欧洲一体化研究》第

6期。

[7] 王贵，2007：《论中国公平竞争审查制度构建与进路》，《政治与法律》第11期。

[8] 王晓晔，2007：《关于公平竞争审查制度的若干思考》，《经济法论丛》第1期。

[9] 向立力，2017：《中国公平竞争审查制度的理论梳理——制度基础与机制完善》，《法治研究》第4期。

[10] 叶高芬，2015：《澳大利亚行政性垄断规制经验及其启示——基于"国家竞争政策"的解读》，《中国社科院研究生院学报》第4期。

[11] 喻中，2016：《在经济宪法与经济秩序之间——欧肯发露经济学思想的理论逻辑》，《中国政法大学学报》第9期。

[12] 袁日新，2018：《论公平竞争审查制度的逻辑意蕴》，《政法论坛》第10期。

[13] 翟巍，2019：《公平竞争审查制度框架下环保豁免标准的阐释与重构》，《竞争政策研究》第3期。

[14] 张守文，2017：《公平竞争审查制度的经济法解析》，《政治与法律》第11期。

[15] 张占江，2015：《中国法律竞争评估制度研究的构建》，《法学》第4期。

[16] 张占江，戚剑英，2018：《反垄断法体系之内的公平竞争审查制度》，《竞争政策研究》第2期。